JN014240

東アジアにおけるスポーツとメディア

黒田 勇・森津千尋・水出幸輝 編

黒田勇教授古稀記念論文集

創文企画

はじめに

黒田 勇

　本書は、「メディアスポーツ」と呼ばれる分野の論文を集めたものである。
「メディアスポーツ」とは何か。21 世紀になってからよく使用される言葉と
なった。「スポーツメディア」であれば理解できるが、「メディアスポーツ」で
はよくわからないという人もいる。様々な定義がされてきたが、誰もが納得し
そうな一般的な定義は「メディアに媒介されたスポーツ文化全般」ということ
になろう。要は、スポーツを報道するメディアだけではなく、そのメディアを
楽しむ視聴者や読者、メディアを利用したり連携したりして競技や大会を運営
するチームや団体、そして広告代理店やイベント会社によるそれらのマネジメ
ント。こうした行為を巻き起こす現象を総じてメディアスポーツと呼んでいい
だろう。

　しかしさらに、大きな大会ではボランティアとしてスポーツイベントに関わ
る人も出てくる。またさらに、スポーツには直接関心がなくとも、あるチーム
のウエアを購入することもあるし、それを売るビジネスも展開される。こうし
た現象もメディアスポーツの一部としてとらえられることもある。こうして、
メディアスポーツという概念の中心部分は明確であるが、その広がりの周辺に
行くとどこまでがその概念に含まれるのかあいまいになる。逆に言えば、現代
のスポーツにおいて、メディアがかかわらないスポーツは極めて少ないとも言
える。

　さらにこの 10 年、「メディアスポーツ」の定義が全く別の概念から脅かされ
つつある。というのも、メディアという概念の中でのインターネットの位置づ
けが飛躍的に増大する中、スポーツを伝えるメディアという概念の広がりばか
りでなく、スポーツ自体の概念もそれに伴い拡大される事態となっている。つ
まり「e スポーツ」の誕生とそのビジネスの飛躍的な発展である。その結果、
e スポーツこそが「メディアスポーツ」だと考える人も出てきた。現在のとこ
ろそれは誤解だと言えるが、やがてそのような意味の転換がなされる時が来る
かもしれない。このエピソードに象徴されるように、メディア環境の急激な変

化の中で「メディアスポーツ」自体も、そして「メディアスポーツ」研究も大きな曲がり角に差し掛かりつつある。

　さて、本書に収録した論文は「メディアスポーツ」を扱っているが、上記の概念からすれば、これまでの研究領域の中心部分を扱っている。上記のようなメディア環境の大きな変動を起こす前の問題、すなわち、新聞社の事業として促進したスポーツイベントや、メディアに描かれたスポーツの分析、あるいはスポーツ報道そのものの分析などである。メディアスポーツの歴史、メディア言説の中のスポーツ、メディアによるスポーツ報道、いろいろな素材とアプローチを持ち、統一感に欠けるかもしれないが、共通したテーマは、本書のタイトルのように「東アジア」である。東アジアへの限定は執筆者たちの出身と関心によるものが大きい。

　東アジア、とりわけ日中韓台は日本の明治以降の近代の中で深くかかわり、現在に至るまで解決すべき政治的課題を抱えている。にもかかわらず、その課題にも関連するスポーツ文化についてはまとまった研究が十分になされていないように思う。したがって、今後のこの分野における研究の発展に寄与できるとすれば本書の意義があるかもしれない。

　さて、戦前の日本のスポーツにかかわる歴史的なアプローチが3編、戦後から現代につながるものが3編、そして現代のメディアスポーツ、ジャーナリズムの課題が1編である。

　第1章「日本スポーツの東アジアとの出会い」（黒田勇）は、これまでのスポーツ史研究であまり注目されていない「極東競技大会」について、とりわけメディア報道が華々しく展開された1923（大正12）年の第6回大阪大会に焦点を当てて、その「メディア・イベント」的性格を明らかにしている。

　第2章「20世紀初頭のスポーツイベントと鉄道の『郊外』戦略―豊中グラウンドに焦点をあてて―」（談韡）は、第1章で展開した事象の少し前、関西のメディアスポーツの黎明期に建設された「豊中グラウンド」に焦点を当て、それを私鉄の郊外開発の中に位置づけている。豊中グラウンドは、甲子園の高校野球「発祥の地」として有名であるが、単に、野球史の中に位置づけるのではなく、私鉄（箕面電車）の郊外開発と、新聞のスポーツ事業との関係から考察したものである。

　第3章「東京オリンピック（1940年）の復興"神話"」（水出幸輝）は、「幻

の東京オリンピック」と呼ばれる 1940 年の東京オリンピックの報道を取り上げている。近年、関東大震災からの復興記念として招致されたように語られているが、当時、オリンピックと復興はどのように結びつけて語られていたのか。あるいは、語られていなかったのか。現在に続く「五輪と復興」神話を検証している。

第 4 章「平昌冬季五輪の北朝鮮参加に対する日韓新聞報道比較」（森津千尋）は、2018 年の冬季五輪平昌大会において展開された北朝鮮と韓国の政治スペクタクルを日本と韓国のメディアがいかに報道したのか、その「政治ショー」を日韓のメディアは異なる視点から報道し、まったく異なる現象のように表現された。そのメカニズムを明らかにしている。

第 5 章「王貞治論―台湾のメディアが生み出した国民的英雄―」（劉東洋）は、日本の野球史上最も重要な選手のひとりである王貞治についてのまさにアナザーストーリーである。日本人として生まれた王貞治が、いかにして「台湾の英雄」となっていったのか、当時の国際関係のなかでの蒋介石政権の戦略と、台湾メディアによる報道が王貞治を国民的英雄としていく過程を明らかにしている。

第 6 章「台湾における「嘉義農林」の忘却と想起―映画『KANO』の分析を中心にして―」（王萱樺）は、戦前の甲子園で活躍した台湾の嘉義農林が戦後台湾で忘却され、21 世紀に入ってから映画『KANO』によって、その記憶が覚醒された経過を明らかにしている。この章も、第 5 章と同様に、日本統治下の台湾と、その後の中華民国蒋介石政権の下での対日政策が、台湾人の対日感情や戦前の記憶に関わっていることを明らかにしている。

第 7 章「中国スポーツ体制改革の葛藤―田亮の『ナショナルチーム除名事件』の事例から―」（王篠卉）は、1990 年代、中国の改革開放政策の下で、スポーツが商業主義的に展開されていくその過渡期の事件、田亮のスキャンダルを扱ったものである。中国のスポーツヒーローは政治的に、国家のために貢献する存在として位置づけられてきたが、田亮は中国最初のビジネスヒーローとしてもてはやされた。田亮がその二つのイデオロギーと価値観の下でほんろうされた経過を明らかにしている。

第 8 章「〈対談〉「スポーツ実況」とは何か」は、1980 年代から 2000 年代まで、サッカーをはじめスポーツ放送の実況中継アナウンサーとして活躍した山

本浩氏（現法政大学スポーツ健康学部教授）と編著者の一人である黒田とのスポーツ実況放送についての対談である。対談形式ではあるが、黒田が聞き手となって山本氏のサッカー実況の長く貴重な経験に基づく実況論を聞き出す内容となっている。

　さて、本書はこの項を担当している黒田の『古稀記念論文集』を兼ねているため、黒田の現勤務校や前任校で指導した学生や院生が論文を寄せている。ただ、筆者の専攻は「メディア文化論」であり、指導してきた大学院生の半数以上がスポーツとは関係がなく放送メディアの研究をしてきた。本書はメディアスポーツ関連の論文と限定したため、メディアスポーツ以外の研究をした多くの修了生の寄稿希望にこたえられなかったことを改めて記しておきたい。

　なお、本書の刊行は関西大学の「記念論文集等刊行補助金規程」による2021年度の補助を受けたものである。

東アジアにおけるスポーツとメディア

目　次

第 6 章
台湾における「嘉義農林」の忘却と想起 123
─映画『KANO』の分析を中心にして─
王　萱樺

第 7 章
中国スポーツ体制改革の葛藤 149
─田亮の「ナショナルチーム除名事件」の事例から─
王　篠卉

日本スポーツの東アジアとの出会い

―第6回極東選手権競技大会大阪大会（1923年）を中心に―

黒田　勇

はじめに

　第6回「極東選手権競技大会」は1923（大正12）年5月に大阪で開催された。5月21日に開会式を行い、26日までの6日間に陸上、水泳、野球、テニス、バスケットボール、バレーボール、サッカーに加え、オープン競技として女子のテニスやバレーボールも加えられ、さらに、日本選手の競技機会を増やすために大会成績に計上されない陸上種目やラグビーなども開催された。この大会には日本人選手190人、フィリピンからは143人、中国からは103人の選手役員が参加した。

　1913年にマニラで第1回が開催されたこの大会は、オリンピックとともに、日本のスポーツ界が本格的に関わった国際スポーツイベントであった。ただし、オリンピックは1912年のストックホルム大会に初参加しており、このオリンピックへの参加のために1909年に大日本体育協会が組織され、1911年に派遣選手選抜の予選会が開催されている。国際舞台へのかかわりという点では、オリンピックに一年遅れ、この第1回大会への派遣は選手2名のみであった。

　ただ、その後第一次世界大戦のために、1916年予定のベルリン大会は中止され、1920年のアントワープ大会までオリンピックが開催されない8年間に、この極東大会に日本は4回参加し、1917年の第3回大会は東京で開催されている。そう考えれば、日本にとっては、1910年代の国際スポーツはこの極東

競技大会を軸として展開されたといってもいいだろう。そして、何よりも、開始当初から新聞メディアが主導し発展したスポーツイベントでもあった。とりわけ、1923年大阪で開催された第6回極東競技大会は、現代でいう「メディア・イベント」の様相を初めて呈したスポーツイベントとなった。本章では、この第6回大会がどのような経過で開催されたのか、そして「メディア・イベント」としてどのように展開されたのかを明らかにしたい。

第1節 「東洋オリンピック」への参加

1. 「東洋オリンピック」への出会い

「極東選手権競技大会」と日本の出会いは、大阪毎日新聞の1913（大正2）年1月2日付「我社の新計画」から始まる。

> 東洋オリムピック大会と称する国際競技は来二月マニラに開かるるものを以つてその嚆矢とす。常に体育の奨励を以つて自ら任ぜる我社は座視して此好機を逸すべからず。乃ち我社は我社特選の二名の選手を派遣して此大会に参加せしめ絶東帝国男児の為に聊か気をはかしめんとすなり。

これに続いて、1月7日には田舎片善治と井上輝二[1]の派遣を発表し、両選手が神戸港から出発したことを報じている。井上輝二は毎日新聞社員として派遣されている。

> 来る二月一日より馬尼剌カーニバル祭において挙行さるべき東洋オリムピック大会は東洋空前の大競技会にして之に参加すべき在東洋各国人実に十五ケ国を超え盛況殆んど比なからんとす。是れを以つて吾社は日本運動界のために万丈の気を吐くべく競走界の勇者を選抜して派遣せんことを計画せるが…（後略）
>
> （「大阪毎日新聞1913年1月7日）

こうして、大阪毎日新聞は、この「東洋オリンピック」の模様をマニラから詳しく伝えることとなる。下記の記事は、早稲田大学で野球部に所属し、スポーツ関係の記事を書くことを前提として1911（明治44）年6月大阪毎日新

聞に入った西尾守一[2] によるもので、これ以降、西尾は「極東競技大会」に深くかかわることになる。現地からの記事では「オリムピック」が強調されている。

　　馬尼刺に於ける吾社派遣選手　両選手共元氣旺盛也
　　今回當地にて挙行の東洋オリムピック大會に出場すべき大阪毎日新聞社派遣の田舎片、井上両選手は去る十七日無事到着せり。両選手は意氣頗る旺盛にして當地在留民の歓迎を受けたるが、日本より長距離競走の二大選手を送られたることはオリムピック大會の大に満足し居る處にして、これがため更に人氣一層引立ちたる観あり。両選手は昨今漸く氣候にも馴れたれば日々練習に怠りなきが成績頗る良好にて在留民一同多大の希望を寄せ居れり。又明治大學の野球選手一行は二十三日無事到着同じく非常の歓迎を受けたり。日本選手はこれにて悉皆到着済みとなれるが、志那人選手四十名は本月末渡來の筈にて、兎に角今回の大會は出場選手意外に多ければ空前の盛況を呈するならんと期待せらる。

（「大阪毎日新聞」1913 年 2 月 7 日付）

　最後の文章にこの大会に対する大阪毎日の大きな期待が表れている。この後も、陸上競技における田舎片選手の活躍、さらに野球競技に送り込まれた明治大学野球部の活躍が報じられる。
　そして、井上輝二選手は毎日新聞社員として、帰国後の 2 月 24 日に体験記的な特集記事を書いている。まずは大会開会式の模様、それに続いて、「五哩（マイル）マラソン」における田舎片選手の優勝と自身の 2 位の模様を詳しく書いているが、記事内でもストックホルム五輪への派遣選手に触れるなど、ヨーロッパにおける「オリンピック」と東洋における「オリンピック」という位置づけを強調している。

　　東洋オリンピック大会（一）馬尼刺にて　井上選手
　　各国選手入場式　東洋オリンピック競技会に参加すべき各国選手の入場式は一月三十一日午後四時カーニバル祭場内グラウンドに於て開催せられた。先登には中華民国の五色の旗が卅六名の同国選手に護衛せられて吹き渡る涼風に翻り続いて日本選手十六名は赫耀たる日章旗を押し立てて荘厳に場を練つた。殊に我等大

阪毎日選手のユニホームの旭日章は群衆の視線を集めた。此時我等の胸にはストックホルムで応援者の少数に萬人の同情と声援を博した三嶋、金栗両選手の心中を推量して言知れぬ凄愴感に打れた、選手の行進に伴はれて嚠喨たる軍楽隊の音楽が奏せられ、場を囲んだ土人の群衆からは拍手急霰の如く起つた場の一週を終つて司会者の前に列を正すと、比島総督カメロン、ホーベス氏は荘重なる態度と流暢なる句調を以て東洋オリンピック競技大会に対する希望及び各国選手の健康を祝する旨を述べ、最後に音声を張り揚げ各方面に亘つて勝利の栄冠を戴きつゝある日本国の選手の参列を衷心より歓ぶと演説した。

（「大阪毎日新聞」1913 年 2 月 24 日付）

　上記の井上の記事がおそらく、国際スポーツ大会における選手自身による初めての新聞記事といえるだろう。因みに、このように派遣選手自身が記者となって取材報道するという大阪毎日新聞の生み出したこの形式は、1928 年のアムステルダムオリンピックにおける人見絹枝他に受け継がれる。

2.　極東競技大会（東洋オリンピック大会）の理念

　そもそも「極東競技大会（極東オリンピック、または東洋オリンピック）」とは何なのだろうか。この競技大会はフィリピンに本拠を置いた極東体育協会が主催し、米 YMCA からフィリピンに派遣されたエルウッド・S・ブラウンの提唱とされる。これについては、S. ヒューブナーの『スポーツがつくったアジア』（2017）[3] にその開催理念が分析されている。

　彼によれば、アメリカのプロテスタント的な男性観、人間観、そして文明観のもとに、スポーツを通してアジアを文明化する営みの過程として一連の極東大会が組織され開催されたことになる。言い換えれば、YMCA に代表される米国の文化的ヘゲモニーが東アジアのスポーツ文化に貫徹する過程としてとらえられる。

　一方日本においては、この極東競技大会のスポーツ史の中での意義についてほとんど議論されていない。そうした中で、1913 年の第 1 回への日本の関わりについての記述をたどると、参加勧誘に対して日本は積極的ではなかったことがわかる。組織されたばかりの大日本体育協会の協力は得られず、大阪毎日新聞によって明治大学野球部と陸上競技 2 名のみが派遣されるにとどまった。

　その原因について、上述のヒューブナーは、大日本体育協会会長の嘉納治五郎の無関心を上げている。嘉納が関心を持たなかった理由として挙げられるのは、①彼と他の IOC メンバーが「オリンピック」の呼称はオリンピックだけに確保されるべきだと考えた、②日本はすでにオリンピック大会に参加したので地域限定の組織を新たに設立する理由はない、③中国やフィリピンなど（他の）アジア諸国とは対照的に、オリンピックムーブメントにおける日本の役割がもたらした優越感、④アメリカ人によって作成された規則、⑤大きな財政的困難、⑥ YMCA のようなキリスト教組織の役割に関する疑念、⑦バレーボールやバスケットボールのような団体競技の採用、とヒューブナーは考察している [4]。

　さらに、ヒューブナーの著作を翻訳した高嶋は、体協が消極的であった理由を、極東大会とはいえアメリカ指導であったことと、アジアの盟主たることに目覚め始めていた日本の「反感と優越感 [5]」にあったと同様の指摘をする。また遊津孟も「東洋と称しながら日本にその設立の相談なく、会の規約などができあがってから日本に参加を勧めている [6]」と、嘉納がアジア体育協会に加盟しなかった理由を回顧している。この点については、およそ 20 年後の 1936 年に編まれた『日本体育協会史』においても次のように記されている。

　　本會が三回頃まで冷淡であつたのは、大會の諸規約が在比支の米人が作製したものであること、然かもその米人が基督教關係でその宣傳に利用するといふやうな漠然たる輿論につられ、當時東洋に於ける唯一の I・O・C メンバーを有してゐた日本としては極東大會より國際オリムピックと云ふ優越感も含まれてゐた。且つ本會の財政は創立間も淺く甚だ心細いもので、隔年毎に國際競技へ日本の面目を維持する大チームを出場させる見透しがつかなかつたことなどに起因する [7]。

　つまり、この競技会のスタート当初から、日本とアメリカの思惑がぶつかり合っていたのである。この経過を仮説的にまとめれば、日本は、アメリカの指導の下で極東アジアの中で、中国、フィリピンと競争することに意味を見出さず、世界レベル、つまりは欧米によって評価されることを優先した、あるいはそれを好んだということができるかももしれない。

第 2 節　1917 年第 3 回東京大会

1.　東京大会開催へ向けて

　1915（大正 4）年の第 2 回上海大会[8]は、第一次世界大戦中、日本が中国への利権を主張したことで中国の反発の中開催され、日本は紆余曲折を経て小規模ながら参加した。続いて、1917 年第 3 回大会は 5 月 9 日から 13 日まで東京・芝浦の特設会場で実施された。大会の総務委員会は、日本 YMCA で指導していた F.H. ブラウン（極東大会を主導した E.S. ブラウンとは別人）のほか、9 人の日本人で構成された。極東大会が初めて、現地の人材、すなわち日本人によって運営された大会であったと日本側は評価し[9]、日本にとって初の国際スポーツ大会の開催であった。ただし、前期の YMCA とのかかわりから見れば、また違った景色となる。

　ヒューブナーの視点からは、YMCA の「狡猾」な戦略があったとする。

　　エルウッド・ブラウンはすでに IOC 会長ピエール・ド・クーベルタンに、オリンピックムーブメントとは対照的に、東アジアの役員はつねに開催国の役員（他の国の人は入っていない）で構成されるが、極東体育協会の主事と総務委員会主事だけは例外で、それはアジア人がこうした役職に必要な能力を欠いているからである、と打ち明けていた。「東洋では、物事を動かそうとするなら、これらの人間〔極東体育協会と総務委員会の主事〕は白人でなければならないと我々は理解している」。日本人は、自分たちがフィリピン人や中国人のようにアメリカの監督を必要としているように見られるのを警戒していたので、フランクリン・ブラウンはぬかりなく事を運ばねばならなかった[10]。

　YMCA のミッションを通してみれば、第 3 回大会は、以上のような「戦略」のもとに進められたことになる。体協の立場からは、1912 年のストックホルム五輪初出場の後、満を持しての参加を予定していた 1916 年のベルリン大会が中止され、スポーツの国際舞台への進出という観点からは歓迎すべきものでもあったはずである。しかし、嘉納以下の体協は相変わらずこの大会には消極的であったが、E.S. ブラウンが来日し、嘉納を説得して、「一回だけ日本で開

催し、その後は充分に日本の要求を入れた規則に改正することを条件に[11]」、東京開催を承諾したとされる。その決定は 1915（大正 4）年 6 月 10 日であり、体協の理事者のほか、「有力なる実業家も加へて神田の YMCA で決定した[12]」と記録されていることも象徴的である。

　もちろん、日本の新聞にはそうした YMCA の思惑を知る由もなかっただろう。日本初の国際大会として大々的に報道する。

　ただ、もともと第 1 回、第 2 回と大阪毎日新聞が熱心に取り組んできた大会ではあるが、大阪毎日新聞にしても系列の東京日日新聞にしても、これまでの大会への関わりについての詳しい解説もなく、自社による運営についてのプライオリティの主張もみられない。体協が主催者として初めて前面に出た大会であり当然ではあったが、むしろ東京朝日の方が詳しく報道している。

　前年 1916（大正 5）年 5 月 17 日に大日本体育協会の嘉納会長以下、理事評議員は一ツ橋の学士会館で東京大会についての会合をもち、そこで選手選抜の予選会の実施などを決定している。これについて東西の朝日は大きく報道している。

　　我が社豫選會の内容及び其の記録の權威は東京に於ける體育協會の豫選會と全く同一にして、體育協會の審判委員諸氏は同じく我社の豫選會に参加して記録の權威を確保せしむべし、尚従來運動のために努力し來りし我社は、來年の極東體育競技大會に對しても亦其の重大なる貢献をなすことを得たるを慶幸とすると同時に、極東體育競技大會會長嘉納治五郎氏を始め理事評議員諸氏が本社の體育界に於ける地位を認め、來年の大會に對し此の重大なる責任者たることを承認せられたるに對し、深く感謝の意を表せざるを得ず。

　　　　　　　　　　　　　　　　　　（「大阪朝日新聞」1916 年 5 月 19 日付）

　体協と朝日の交渉を裏付ける資料はないが、要は関西での予選会を大阪朝日が主催すると決定されたのである。ただ、記事の文面からは、翌年の本大会についても朝日が責任の一端を担うことが決定されたかのように読むこともできる。

　スポーツ事業において大阪毎日に後れを取りつつも、1 年前の全国中等学校野球大会の立ち上げによってスポーツ事業について弾みのついた大阪朝日が、

ここで巻き返しを図ったという見方もできよう。

　ちなみに、この決定については東京の讀賣新聞も記事を掲載しているが、東京日日、大阪毎日ともに報道していない。それどころか、ちょうど5月20、21日に豊中グラウンドで「第三回日本オリンピック大会」を主催しており、その記事であふれている。さらに、この記事中には、「来年東京で開催される極東競技大会の予選を兼ねる」とも記されている。

　こうして大阪朝日は新たに建設された鳴尾運動場の柿落としに、まず極東大会の予選、そして「関東関西対抗陸上競技会」を開催することになる。

　この鳴尾運動場についても、これまで、「全国中等学校優勝野球大会」を開催した箕面電車（現阪急電車）所有の豊中グラウンドが手狭になり、阪神電鉄と朝日新聞の協力により、鳴尾の野球場が新設されたという面が注目されてきた。しかし、鳴尾運動場の設計には、木下東作や春日弘などの陸上関係者も参画し、また YMCA の F.H. ブラウンもかかわっていたとされる [13]。鳴尾運動場は元競馬場の広大な土地を生かして、陸上競技やテニスコートも含めての総合運動場として計画されたのである [14]。

2. 東京大会の報道

　第3回東京大会は、1917年5月8日から12日までの5日間、急造の芝浦会場で開催された。フィリピンから103人、中国から80余人の選手が参加し、陸上、競泳、テニス、バレーボール、バスケットボール、サッカー、野球の7競技種目が行われ [15]、オープン競技として自転車も実施された。大会の名誉会長には大隈重信が選ばれ、嘉納会長に先立って開会のあいさつを行っている。

　新聞は、期間中連日にわたって競技結果と写真を掲載している。また観客についても「見物約三万人」といった見出しで、観客の多さやその動向について、いくつかのや漫画を掲載している。しかし、それは競技場内に限定されており、関連した競技場外での動向、東京市内での反応についてはわずかの例を除いて触れられていない。新聞報道を見る限り、初の国際競技大会は、競技場外の市民を巻き込むことはなかったと言えよう。例外の一つは、オープン競技として日本人だけで実施された「25哩競走」であった。京浜電鉄沿いの芝浦の会場から鶴見の総持寺付近を折り返しとした「マラソン」であったが、記事の大き

さや表現からもこの「マラソン」が一番の人気であったことがうかがえる。さらに、元愛知一中の校長であり、在職当時愛知一中の長距離走を熱心に指導した日比野代議士が参加したことも、報道価値を上げたのかもしれない。日比野は 18 着であったが、「本年五十二歳の日比野代議士が老躯を事ともせず疾走する様は、至る所盛んなる喝采を浴びせかけられ居り」や「鉄砲玉ではない以上は必ず帰って来ますよ」などの談話が掲載された（「東京日日新聞」1917 年 5 月 13 日）。

　競技会全体の結果としては、日本が陸上と競泳、テニス、野球で勝利したものの、バレーボールやバスケット、サッカーでは惨敗した。ただ、各種目の得点形式で、日本が総合的には優勝するという結果となった[16]。

3.　大阪における「日比オリンピック」

　スポーツ史研究ではこれまでほとんど触れられていないが、この第 3 回極東競技大会の後、翌週末の 5 月 19、20 日に、大阪では日比の競技会が開催されている。大阪毎日新聞は「日比オリンピック」として陸上競技を豊中グラウンドで開催、大阪朝日新聞は鳴尾運動場において、日比「庭・野球戦」としてテニスと野球の試合を行っている[17]。

　このイベントを可能にしたのは、フィリピン選手団が神戸港より入・出国しており、東京での大会の帰路、阪神間での大会が可能であったことと、販売競争をしていた大阪の毎日新聞と朝日新聞の事業意欲からということができよう。

　大阪毎日新聞は、競技会開催の 3 日前に、「空前の興味を呼ばん　凡てに於て模範的なる我社大會」（「大阪毎日新聞」1917 年 5 月 17 日）との見出しのもとで、「今回我社主催の日比オリムピック大會が東京の極東オリムピック大會以上の成績を収むべく審判員係員相協力して諸般の用意に努むる積りなるが、これと同時に陸上競技會としては恐らく空前の興味を呼ぶべしと期待すべき理由あり」として、「日本及び比律賓の實力はどれ程の逕庭あるか、東京大會だけの成績にては俄かに断定すべからず。互にその長所欠點を知得したる今回の我社大會において始めてその眞相を窺知し得べし」などの幾つかの例を挙げ、「当日における豊中運動場の盛観は今日より予想に難からざるなり」と、前景気を煽っている。こうして、何よりも豊中グラウンドへの観客動員を第一の目

的とした紙面構成のように見える。そして、過去2回極東大会に独自に選手を派遣し、熱心に報道してきた誇りと本家意識が垣間見える。

また、大阪朝日新聞も5月18日に一面で社告を掲載している（図1）。さらに同日の紙面でフィリピンと対戦するために来阪した早大野球部と慶應庭球部の動向を伝える記事を掲載し、前景気を煽っている。何よりも、それぞれの会場への観客の動員に力を入れている記事内容であり、また、大会翌日には大勢の観客が詰めかけたことを強調する記事を掲載している。さらに、両紙ともにお互いを意識して、フィリピン選手団の大きな歓迎会も開催している。

図1 「大阪朝日新聞」
1917年5月18日付朝刊

このように、両新聞社の主催イベントの報道は、東京の「本」大会よりもはるかに大きな扱いとなっており、また両会場も満員の観客が詰めかけたことを考えれば、大阪を中心とした関西の人々にとっては、このふたつの大会が初の国際的なスポーツイベントとして経験されたといえるだろう。それは同時に、フィリピンに限定されていたが東アジアのスポーツとの出会いでもあった。

さらに興味深いのはE.S.ブラウンが、郊外の会場に多くの市民が詰めかけたことについての驚いたという記事[18]も掲載していることである。E.S.ブラウンが母国のアメリカで電鉄の郊外開発を見聞していたかどうかはともかく、東洋の国で電鉄会社が郊外開発をし、新聞がそこでスポーツイベントを開催しつつ販売競争をしていることはどのように記憶に残っただろうか。

第3節　第6回極東選手権競技大会の開催

1．スポーツとメディアの発達

1923（大正12）年といえば、第3回東京大会から6年が経過し、とりわけ第一次大戦の終了後は、国際環境はもちろん、日本におけるスポーツ環境は大きく変わっていた。

第一次大戦後のこの時期、マス・メディアが急速に発達し、「大衆文化」が形成される時代とされる。大阪朝日新聞主催の「全国中等学校優勝野球大会」

は開始から 8 年目を迎え、全国的な知名度を得つつあった。また、大阪毎日新聞は様々なスポーツイベントの開催とともに、競技団体組織化にもイニシアチブを握っていた。

例えば、大阪毎日新聞社は、この時期以下のような大会を開催している [19]。

1917 年 8 月、実業団庭球大会を浜寺公園で開催。

1918 年 1 月、第 1 回日本フットボール大会（のちの全国中等学校ラグビー大会）開催。豊中グラウンドでサッカーとラグビーを併せ行う。

1919 年 8 月、一ツ橋コートで「毎日庭球選手権大会」（東日庭球トーナメント）。

1919 年 11 月、全国学生相撲選手権大会、全国中等学校相撲選手権大会開始。

1920 年 5 月、初の実業団チームである大毎野球団を結成。

6 月、大阪本社に事業部、東日に事業課を新設し、主催のスポーツや講演会・映写会関係を統括。

1921 年 10 月、「全日本庭球選手権大会」を豊中コートで開始。

大会の翌年 1924 年 4 月には、全国選抜中等学校野球大会が名古屋八事の山本球場で 8 校参加のもとに開催している。

一方で、競技団体の設立も相次いでいる。この間の協会の設立は、1921 年日本蹴球協会、1922 年日本庭球協会、1924 年大日本水上競技聯盟、1924 年全国学生氷上競技連盟、1925 年全日本陸上競技連盟など、第一次大戦後の 1920 年前後に集中している。

このように、スポーツの統括団体の設立は、学校の対抗戦をこえての大会の運営、学校の卒業生たちのスポーツ、さらに、学校体育の延長ではないスポーツ種目の普及などが拡大することで促進されることとなった。

さらに、全国での新聞の発行部数の増加に加え、各地の新聞が事業としてスポーツ大会を主催するようになっていく。例えば、長距離走主催の「老舗」ともいえる時事新報社 [20] は、「富士登山競走」を 1913（大正 2）年 7 月、2 回目を 1917 年 7 月に開催し、また 1921 年 8 月には「浅間登山競走」も主催している。

初めての駅伝は、京都から東京まで 1917（大正 6）年 4 月 27 日に行われた「東海道駅伝徒歩競走」であり、讀賣新聞が主催した。また同じく東京の報知新聞も、同年 10 月 19 日に「東京横浜間 25 哩競走」を開催、そして現在に続く箱根駅伝も 1920 年 2 月 14 日に「東京箱根間往復 150 哩大学専門学校対抗駅伝競

走」として報知新聞が創始している[21]。

　さらに新聞社はスポーツ大会を主催し、記事にするだけではなく、その模様を活動写真として上映するようになってきた。日本初のマラソンといわれる1909（明治42）年の大阪毎日新聞の「阪神マラソン」の撮影と上映がその嚆矢とされるが[22]、その後の讀賣新聞も、1917（大正6）年4月の駅伝主催直後に『駅伝競走』（小林商会作品）を東京で上映し、また報知も「東京横浜マラソン」の翌日20日には浅草の映画館で上映している。

　ちなみにスポーツを題材とした映画は1913（大正2）年前後から増加している。『水泳と拳闘』（日活映画）、『登山の稽古』（仏作品）、『白対黒』（伊作品、拳闘映画）、『東西大学相撲大会』（敷島商会）などが1913年に上映されている[23]。なお、極東競技大会についても、1915年第2回大会の模様が『上海に於ける極東オリンピック大会』（天活作品）として6月に横浜オデオン座で上映された。また、第3回東京大会の記録映画『極東オリンピック』（天活東京作品）が1917年5月12日から16日まで、日比谷公園の広場で上映されている[24]。こうして、活字を読み、会場に出かけて観戦する方法のほかに、映像としてそのスペクタクルを楽しむことが次第に拡大していく。

　以上、簡単に述べてきたが、1917年の第3回東京大会から1923年の第6回大会までには、スポーツもメディア環境も、そして人々の余暇生活も大きく変化していたのである。

2. 「近代的市民教育」としてのスポーツ普及

　こうした変化の中で第6回大阪大会は開催される。その一年前1922（大正11）年6月に、大会の組織委員会的な意味をもって大阪体育協会が組織され、会長に池上四郎大阪市長が就任し、港区築港に市立運動場が建設されることとなった。「港区誌」には下記のように書かれている。

　　市立運動場は大正十二年五月大阪市において第六回極東選手権競技大会が開催せられるに当つて、これが会場として建設されたもので、世界的に知られるようになり、大正から昭和の初めにかけて近畿地方での大きな競技会は殆どこゝを会場として利用せられた。大正十一年七月より安治川と会社によつて敷地の埋立工事が着手され、同年十二月に終り、市が会社より敷地全部の引継ぎを受け、設備

費二十二万四千円で十二年四月
に完成した[25]。

大阪市内の運動競技場につい
ては、1909（明治 42）年に天王
寺公園が作られていた。また、
1916（大正 5）年には、中之島
公園運動場が F・H ブラウン（神

図 2　第 6 回大会における集団体操（大阪市立運動場）

戸 YMCA）の設計で全国最初の
市営陸上競技場として建設されていた。そして、この新たな市営運動場の新設
は大阪にとっての一大事業であったが、それは単に東京に対抗するための事業
ではなかった。

　近代的市民教育は依然として大規模なインフラの整備やネイションのブランド
化よりも重要な問題であった。たしかに、コンクリート製の競技場は大阪が東京
と対抗し西洋の競技場と（ある程度まで）肩を並べるための名誉ある事業であっ
た。しかしながら、その主たる目的は、大阪とその周辺地域でスポーツを普及す
るのに役立てることだった。極東大会を利用して、大規模建設事業を西洋列強の
首都、あるいは少なくとも東京に対する挑戦として実施することは重要ではなかっ
た[26]。

　ヒューブナーは、第 6 回極東競技大会の大阪開催について、さらに続けて日
本におけるスポーツ大会が何よりも教育と結びついて展開されることに驚きを
もって記述している。この点については、東京大会から大きな変化があったわ
けではない。ただ、とりわけ 1920 年代前半のこの時期には学校体育が健康推
進活動として社会にあふれ出した時期でもあった。

　開会式は簡素で、しかも激しい雨のために台無しになってしまったようだが、
日々の教育的集団遊戯の実演は、第 5 回極東大会と比べても、さらに野心的であっ
た。123 の学校と 47 の団体から 3 万人近い少年少女が遊戯、フォークダンス、体
育訓練などに取り組む予定だったが、一部の演目は雨のために中止になってしまっ

た。日本の学校で実施されていたものを連想されるこれらのさまざまな体育活動は満州事変以前の戦間期における軍隊体操からスウェーデン体操やスポーツへの変化を際立たせている。大会に参加を希望する学校はそれに先立って生徒に準備させるためにカリキュラムを修正しなければならず、こうして学校のカリキュラムに影響を及ぼすというアメリカ YMCA の目標はいっそう明らかとなった。フランクリン・ブラウンは（一致と垂直的思考を促進する）体育訓練よりも、YMCA の平等主義的アマチュアスポーツのメッセージをよりよく伝えるスポーツの実演が望ましいと語ったが、日本人の共同主催者の意見を受け入れざるを得なかった[27]。

ここでもヒューブナーの関心は、YMCA のスポーツ普及についての宗教的な野心と日本の体育思想の対立であり、その中で大会をとらえている。

この時期、日本の教育では中等教育の拡大とともに、そこでの特定のアスリートのスポーツというよりは、国民全体の体位の向上、健康増進が大きな目標となり、「科学的」な立場からの体操の考案と普及が課題となっていた。さらに、「体育」による身体の鍛錬が学校を超えて社会にあふれ出す時期でもあった。例えば、1913 年のスウェーデン体操の学校教育への導入とともに、学校ごとに新たな集団体操が生み出され、さらに、それをベースにしながら、学校の枠を超えて各地の各団体に集団体操が生み出され、一般庶民にも身体と健康が注目されだした時期である[28]。スウェーデン体操に限らず、チェコのソコール運動、少し後に導入されるデンマーク体操など、北欧、中欧の民族意識の覚醒とかかわる体操が、日本における国民国家形成の課題と重なることで熱心に参考にされ、また導入されていくが、そうした意味をもつ集団体操は、アメリカ的な国家観を表現する YMCA のスポーツ観とは異なるものだった。

大会直前の講演会でも、この大会で顧問として名を連ねていた木下東作は、「比島と支那は競技の始められた目的が我が国と異なり、一方は政治的、一方は宗教的であるが、我が国は教育的であって、この大会以降は教育的でなくてはならぬ[29]」と語る。このように、大会主催者は必然的に「教育」としてのスポーツ、国民体育を強く意識したものになっていた。

さらに、この木下東作を中心に大阪の女学校の体操教師たちが組織した勉強会から発展した「健母会」や、1919 年の第 4 回大会の選手派遣のために組

織された「大日本青年運動倶楽部[30]」など、大阪では市民を巻き込んだ体育・スポーツ普及活動が盛んにおこなわれていた。こうした動向も、この大会をより教育的なものとして表現したといえる。

　こうして、YMCA が唱える神の道としての「強靭な身体」と、国民国家の強靭な身体をもった国民育成という二つの理念が表面的には同時に表現されつつ、実は融合することなく存在した大会となっていった。

第 4 節　「メディア・イベント」としての極東競技大会

　第 3 回東京大会から 6 年を経て、新聞の発行部数も著しく増大し、また人々の娯楽としてのスポーツ観戦への関心も高まっていたことはすでに述べた。その結果、チケットの購入方法や競技予想、有力選手など、事前の競技情報も格段に増加し、また、競技を超えた選手団と市民の交流が描かれ、さらにオープン競技や集団体操の実施によって、トップアスリートだけではなく、多くの一般市民や児童、生徒たちが大会にかかわることになる。そして、新たなメディアも駆使しての報道は大会を、ますます大阪市民を巻き込んでの「祭典」としていった。

1.　新聞の報道姿勢

　第 6 回大会は大阪で開催される初の大規模な国際競技大会として、地元の大阪発行の朝毎両紙の報道量は東京の新聞の報道量よりもはるかに大きいものとなった。そして前述のように、スポーツ事業では出遅れていた大阪朝日もこの時期にはスポーツ報道と事業でも大阪毎日と対抗するようになっていた。したがって大阪の両紙はともにこの大会の報道に力を入れていったが、この両紙の大会を見るまなざしに違いがあることは興味深い。開催にあたって、大阪朝日は大会の意義を長い文章で披歴している。その内容は、欧米に劣るアジアのスポーツ界の実力がこの大会をきっかけとして伸長していることと、さらに女子スポーツにとって初の国際競技であることなどである。

　　従来極東におけるスポーツは、其歴史の新しいだけに、遺憾ながら、欧米のそれに比して非常なる懸隔があり、見劣りがした。國民全體としても亦理解に欠く

るところが少くなかつた。斬うした事情の下に生れた極東大會の使命は甚だ重かつたが、回を重ねるに随ひ、極東運動界の進歩は眞に驚嘆に値するものあり、最近に於ける記録は凡ての方面に於て一歩々々々歐米一流選手の堅壘に肉薄しつゝある。数年前までは殆ど一人の世界的選手をも有しなかつた我極東の諸国は、今や或種の競技に就ては、堂々と世界に其覇を争ひ得る地位にまで進んで來た。そしてその後継者たる國民も亦世界的選手の輩出を刺激、従来余りに冷淡、無頓着であつたことに氣が付いてきた。吾人は今回の大會が偶々斯の如き機運に際會して開かれたといふ事から、特に本大會に附せらるべき重大なる意義と燃ゆるが如き希望とを感せずには居られない。殊に極東に於ては、婦人選手が國際競技に現はれた最初の機會でもあり、確かに其運動史に一エボツクを画して居る。

（「大阪朝日新聞」1923 年 5 月 21 日付）

このように、大阪朝日は極東大会そのものに限定して、スポーツが世界へ飛躍する機会としてその意義を論じている。これに対し、第 1 回のマニラ大会に積極的に選手を送った大阪毎日は、大阪朝日を意識したスポーツ事業における「プライオリティ」意識が改めて強調されている。

　殊に過ぐる十年前始めて此の地に運動の種子を蒔いたプリオリチーを持つて居り、その後引き続き陸上競技は勿論、水泳、庭球、野球、蹴球その他凡ゆる方面の宣傳と奨励に力を尽し得た自信を有する我が大阪毎日新聞社は今回の大會が遂に我が大阪の地に開催されるに至つたことの双手を挙げて喜び且つ三國代表選手竝に役員に對し衷心歓迎の意を表するものである。
　顧みれば始めて野球を香櫨園に主催した時、阪神マラソンを行つたとき、十五哩競泳や庭球大會を行つた時の思ひ出を反覆するとほした感慨に耐へぬものがある。而して我が大阪市民が、その大大阪の精神を発揮して滋にこの大會を開くに至つたとは収穫を楽しむ老婆の如きものがあると思ふ。

（「大阪毎日新聞」1923 年 5 月 21 日付朝刊）

上記のように、大阪毎日新聞の社説は、「十年前始めて此の地に運動の種子を蒔いた」と 1912（明治 45）年のクロスカントリー、あるいは翌 1913 年豊中グラウンドにおける「日本オリンピック大会」に始まり、その後の各種スポー

ツの「宣伝と奨励」してきた自信、さらにそれ以前の香櫨園での学生野球[31]や「阪神マラソン」などを列挙することで、スポーツ事業では後発にもかかわらず、中等野球の人気が増大しつつあった大阪朝日新聞を意識しつつ、第6回極東競技大会をこれまでのスポーツ振興事業の集大成のように位置づけ、「創業家」のような文言で開催を宣言している。

　上記のように、大阪毎日新聞と大阪朝日新聞の販売競争の中の大会ではあったが、他の大阪の新聞社も大きく報道している。中でも「大阪時事新報[32]」はオープン競技である女子庭球について後援し、庭球の優勝者に大阪時事新報杯を贈っている。そのため、大会前の「国内予選」も熱心に報道し、大会期間中には、紙面以外でも様々な企画を実施している。大会二日目の22日夕刻には、中之島の公会堂と中之島の東端にある剣先公園の二会場で、「極東競技大会映画」を公開し、「観衆に交る高橋政友会総裁の一行」（「大阪時事新報」1923年5月26日付）との見出しの記事を会場風景の写真付きで掲載している。この時代、大阪時事新報は、朝毎には及ばないものの、大阪で第三の読者数をもつ新聞であり、この大会に関わることで認知度を高め、販売部数を増やそうとしていた意図がうかがえる。と同時に、大阪時事新報の報道姿勢を見ても、この大会が大阪及び大阪市民にとっても大きなイベントであったことは間違いないだろう。

2.　朝毎のニューメディア競争

　1917年の第3回東京大会と第6回大阪大会では様々な意味で異なる大会となったが、メディア技術の発展と新聞ビジネスの発展という側面から言えば、様々なメディアを投入したイベント合戦の様相を呈した点で第3回とは大きく異なっていた。この大会の盛り上げのために、各新聞、とりわけ朝毎両新聞は、事前の講演会や、市内各所に「速報台」の設置、記録映画の上映、週刊誌、写真誌の特集と、様々なメディアを活用して「盛り上げ」を図った。

　もちろん、娯楽の中心となりつつあった活動写真も大会報道に活躍した。先の大阪時事新報の映写会のほか、大阪毎日新聞は松竹座で大会の模様を活動写真として上映し、秩父宮を招いている。東京では東京朝日が日比谷公園の広場で5月22日から26日まで「競技映画」の上映会を催した。記事によれば、中国からの留学生も含め学生を中心に1千人以上が集まり、映像に熱狂したとい

う（「東京朝日新聞」1923年5月25日夕刊）。さらに、25日夜には、チャップリンの映画などを併映して、3万人の観客が詰めかけたとする（同5月26日付朝刊）。こうして、大阪で開催されたスポーツイベントが翌日、翌々日には、映像として東京で見ることができるようになっていたのである。

さらに朝毎両紙は、ともに「マグナボックス[33]」というニューメディアを投入、会場外の「聴衆」にも競技状況を伝えようとした。現在の実況放送とは異なる形態ではあるが、これが日本史上初の現地からのスポーツ「中継」であったといえよう。大阪毎日新聞の社告には次のように記されている。

　本社は愈々廿六日まで開催される第六回極東選手競技は大会に際し、最新の通信機関を利用して競技の結果を連日市民諸君に速報すべく陸上無線電話を特設する公許を得ました。即ち築港の競技場を起点として左の発信受信所を設け、大アンテナー其他の施設を完備して競技第一より速報を開始します。

（「大阪毎日新聞」1923年5月12日）

そして、その電波の受信所として、三越、白木屋、高島屋、大丸など市内の百貨店や取次所に受信設備を置いている。

一方の大阪朝日も、同様に「マグナボックス」設置の告知をしている。

最新式マグナボツクス

大阪市内のある地点に最新式のマグナボツクスを設置し本社特に市立運動場特別観覧席の地下室に設けた事務所より直通電話を以て時々刻々競技の状況を報告する、此の拡聲器は四個の大喇叭を有し普通の肉聲が数百倍に拡大され一町半以上の遠距離に於ても明瞭にこれを聴取することが出来る、欧米に於ては多数の公衆に向つてする大統領の演説その他に盛に応用されているが、日本の新聞社に於て今回の如

図3　最新式マグナボックスを含めての告知
（「大阪朝日新聞」1923年5月19日付）

き場合にこれが応用を試みるのは全く最初の事業である。

（「大阪朝日新聞」1923 年 5 月 19 日）

　当時の市民の関心について、「大阪朝日新聞」は次のように報じている。競技場以外での競技結果については、新聞社が掲示板を設置し、さらに北浜の「なだ万」前には、スピーカーを設置して報道することで好評を得たという。

刻々の速報に緊張す　本社特置の高声電話機と　市内掲示板前の大群衆

　本社前の大掲示板の前も正午すぎから熱心な人々が続々と集つて勝敗の結果の書かれるのを待つてゐたが、最初百碼の第一豫選に日本の谷選手が一着と書かれたので一同の中には早くも「日本萬歳」を叫ぶ人があり。一々手帳に書き留めて帰る熱心な人々が多く、なほ阪神、京阪、南海、大軌、阪急等各郊外電鉄の停留所前や全市の本誌販売店前などの本社特設掲示板前には折柄の雨を物ともせぬ人々で到る所黒山のやうな人だかりを呈し、何れも迅速な報道を感謝してゐた。

　又一方運動競技の記録を市民に速報すべく、灘萬北濱食堂の濱に臨んだ三階露臺に特置した本社のラウド・スピーキング・テレホンは多大な歓迎をうけ、一競技の終る都度普通電話の数十倍の高声で記録を発表するので、熱心な聴衆は折から降り頻る雨中にも動じないで難波橋から遠きは對岸の銀行集會所下の運動場にまで傘をさしたまゝで動かず、居ながら極東大會の壮観を胸裡に描いてゐた。

（「大阪朝日新聞」1923 年 5 月 23 日）

　この記事からもわかるように、マグナボックスの導入によって、現在の「パブリックビューイング」のようなスポーツ観戦形式がこの時初めて実験された。すでに欧米では、ラジオによるスポーツ中継が開始されていたが、この時代その多くは現場からの「実況中継」ではなく、スタジオに配信された原稿を読み上げるものであった。それを考えれば、会場からの結果を音声によって速報するこの試みは、のちのメディアとスポーツの関係を大きく変える画期の一つであると評価できよう。

　大阪毎日新聞は、会場正門横の無電発信所に技師と女性の「送話係」を配置し、競技結果を速報したが、「送話」の合間には筑前琵琶の演奏も送信しており（「大阪毎日新聞」1923 年 5 月 25 日）、この点でも、2 年後に実現するラジ

オ放送を先取りしたものになっていた。

　さらに大阪毎日新聞は、秩父宮を天王寺公園内の市民博物館に案内し、そこ
に設置されたマグナボックスに本社からの無線電話で次のようなメッセージを
送ったとされる。

　　極東オリンピック大会総裁宮殿下は連日の雨天にもかかわらず遠路大会場に台
　臨を賜ひ親く御統率の御任務に就かせられ尚大阪市のために各所御視察を賜ひそ
　の御途次もって、今夕我が大阪毎日新聞に台臨の恩命を拝受しましたことはただ
　恐縮の外ございません。謹んで御待申し上げて居ります。

（「大阪毎日新聞」1923 年 5 月 23 日）

　本社から市民博物館へ送信されたこのメッセージに対し、博物館では「肉声
が五十倍大に拡大されて館内の隅々に響き渡り、いとも明瞭に聞こえた、殿下
には御耳を傾けさせたまうて「随分よく聞こえる」との御言葉を賜り」（「大阪
毎日新聞」1923 年 5 月 23 日）などと、秩父宮のニューメディア体験を報じた。
この時点で「無線電話」を使用している点で大阪毎日が明らかに優勢であった。
　ところで、この大会の 3 か月後、9 月 1 日に関東大震災が発生し、東京を中
心に甚大な被害が発生した。この時期、東京ではラジオ放送の実験が行われて
いたため、社会的通信手段としてのラジオ放送の重要性がいっそう認識された
という[34]。この年の暮れには逓信省令「放送用私設無線電話規則」が公布され、
朝毎のニューメディア競争は、翌 1924 年には明確なラジオ放送局開局に向け
ての実験競争へと発展するが[35]、最終的には大阪の両新聞社の夢はかなえら
れず、1925 年 7 月に社団法人大阪放送局（JOBK）が開局する。

3.　二人の「スター」の登場〜秩父宮とカタロン

　この大会がスポーツ関係者だけの大会でなく、より大きな意味をもつにい
たったのは、秩父宮の登場であった。大阪での大会開催の経過からは、主催者
は「公的な」権威付けにも熱心であった。現在においては、秩父宮がスポーツ
に熱心であったことが広く知られているが、それが公の場で位置づけられたの
もこの大会であった。
　「この大会に秩父宮雍仁親王殿下を総裁に仰いだが当時としては空前のこと

で、親王殿下がスポーツ大会の役員
に就かれた例はなかつたので、宮内
省は承認を渋つていた。このため春
日弘の奮闘の効あつて皇族を総裁に
仰ぐことに成功した[36)]」とこの大
会の主将佐藤信一が回顧するよう
に、各新聞報道においても、秩父宮
の動向が何度も取り上げられてい
る。秩父宮は開会前日に来阪した時
から紙面を大きく飾り、朝毎とも自
社やイベント会場への訪問を大きく報道した。

図4　フィリピン、カタロン選手と秩父宮雍仁

　民間の新聞社が中心となって発展してきた関西のスポーツ界ではあったが、この国際大会の「正統性」をより確保するためにもスポーツ皇族である秩父宮の威光は必要であったのだろうが、その結果、その後のスポーツと天皇制国家が結びつく一つの契機にもなったといえよう。

　さて、実際の競技は大会期間中雨にたたられたが、満員の観衆を集めて行われた。参加三ヶ国はそれぞれに得意とする競技種目が異なっており、日本は中長距離やフィールドで好成績を上げ、水泳とテニスは「独壇場」であった。その一方で、サッカー、バスケットボール、バレーボールといった球技では他の二国に歯が立たなかった。とりわけ、後者の二競技は、YMCA が普及に力を入れていたものであり、三ヶ国に共通して競技されていたものの、YMCA の関与度の差が成績に現れた。さらに、女子種目がオープン競技とはいえ実施され多くの観衆を集めたが、後述のように、スポーツの新しい時代の到来を観衆にも伝える役割を果たした。

　また、多くの種目で日本人に注目が集まる中、短距離のスターはフィリピンのフォルトゥナド・カタロンであった。カタロンは、第3回の東京大会でも100 ヤード、200 ヤードで優勝し、日本の陸上界の注目を集め、前述のように、東京大会直後の豊中グラウンドでの「日比オリンピック」でも活躍し、大阪の紙面に登場していた。そして、この大阪大会はもちろん、1926 年のマニラ大会まで連覇を続けた。この大阪大会でも日本人選手も含めて新聞報道の最大の注目を集め、彼の写真や競技予想などの記事が掲載され、また見出しに取り上

げられる個人選手名でも群を抜いていた。

　カタロン選手は、以前から「グリコ」の商標モデルとされてきたが、グリコ製菓は近年、このデザインは 1922 年製作でカタロン選手だけをモデルとしたものではなく、当時の何人かの陸上選手の「ゴールイン姿を参考にして書き直した[37]」としている。そうだとしても、制作当時のスポーツ界を考えれば、そのゴールインの姿勢と知名度からは「カタロン」の影響が少なくなかったことは想像に難くない。

4.　市民の巻き込み

　さて、そのような大阪市民を巻き込んだイベントについて、ヒューブナーは参加者の宿泊についても、当時の不十分な大会運営を指摘している。

　　大阪では競技者の収容も問題となった。マニラ、上海、東京のようなより「国際的」な都市で開かれた極東大会でもそうだった（そして、その後もそうなる）ように、YMCA ／ YWCA の国を超えたネットワークと中国人ディアスポラの関係（コネ）が再び重要となった。中国の男性競技者は中華会館に身を寄せ、裕福なスポンサーから一時的に別荘の供与を受けた YWCA が女性競技者を世話した。テントを持参したフィリピンチームは最終的に開校前の新設小学校というより良い代替施設を提供された。宿舎の問題は、依然として国際スポーツ大会の開催でコストを低く抑えるという考えが示されているという点で興味深い[38]。

　当時の日本において、一時的な競技大会のために宿泊施設を増設するなどということは財政的にも不可能であったし、またそうした発想もなかったのは当然であろう。しかし、中国からの「移民」、YMCA、そして市立小学校舎の提供など、「民間」の知恵で大会を運営したというエピソードとしても、ヒューブナーとは異なる意味で「興味深い」ものである。

　この「民間」と大阪市が一体となっての歓迎ぶりは、両国の選手団の来日に合わせて、繰り返し報道される。とりわけ女子選手たちの交歓風景はこの大会のハイライトとして注目された。ちなみに、フィリピンの女子選手団は大阪曽根崎の加島銀行倶楽部竹修館に宿泊し、ここでの参加国の選手の交歓会の様子が写真入りで報道されている。

　こうした「国際交流」は、大会から 11 年後に出された『明治大正大阪市史』においても語られている。

　　以上の如く六日を通じて雨に祟られたことはあつたが、全般において全ては順調に進んだ。これ選手並に國民が自重し、スポーツマンスピリットを守りスポーツマンライクに行動したからである。比島選手の倒れるを日本選手が抱き起す涙ぐましき場面や、全市の高女生が比華の女子選手に市松人形を送りその旅情を慰問し、郊外電車のすべてが各國の役員選手に無賃乗車券を贈り、競技の余暇の保養に便宜を與へたる等、國際友誼の精神は機にふれ發露した。この外三國選手慰労のため會終りし二十七日には藤田男爵主催の同邸園遊會、その後の三越呉服店のテイパーテイ、中央公會堂に於ける池上市長招待の晩餐會等が催され、二十八日には縣・市の盡力により奈良への招待會があつた[39]。

　以上のような「主催者」としての回顧とは別に、開催期間の新聞記事でも入場券の売り切れや、満員の観衆の写真が掲載されていることから見ても、極東競技大会は日本人に、少なくとも大阪市民には大歓迎されたようである。おなじく、『明治大正大阪市史』においても、市下の熱狂の一端が描かれている。

　　一般國民も亦殿下に倣ひ熱心に観覧し又應援し、前大會より用ひられた標語『我國選手を勝たしめよ』を翳してその實現を熱望した。市中に於てもこのビラが散見され、會場は六日間を通じて満員の盛況であつた。入場切符は豫行旺盛にして、當實會場前にて売捌く入場切符も朝早くより売切れの盛況を呈した。ために遠く北陸・紀伊・東海等よりの観覧者のうちには空しく歸国する者もあり、又競技場前の民家の二階には臨時スタンドに早變りして五拾銭・壹圓の入場料を收むる有様であつたといふ[40]。

　このように、大阪市にとっては、大正期の「よき記憶」として総括されている。また、佐藤信一も「入場券が売り切れで手に入らないので困った熊本県から出張してきた小学校の先生が場内案内人夫募集に応じ無事人夫に化けて」や「偽造、変造の切符まで飛び出す騒ぎ」があったことを回顧している[41]。そのほか新聞記事においても、「プレミアムチケット」として、学生による「ダフ

屋」行為があったことや、不衛生な飲食屋台の取り締まりの件など、一般市民の「騒ぎ」が報道されている[42]。

このような記録を見れば、この大会は新聞による競技自体の報道合戦を越えて、一般市民を巻き込んでの一大イベントであったと言えるだろう。

5. 女子スポーツへの注目

この大会のもう一つの特徴は、前項で触れたように初めて女子が参加した国際大会であったことである。女子種目としては、オープン競技としてテニスとバレーボール、そして日本選手のみの出場であったが水泳の三競技が実施された。記事においても、女子選手の試合経過ばかりでなく、前述のように交歓風景が取り上げられるなど、大会期間中から女子初参加が強く意識されていた。

大阪朝日が発行する『運動年鑑』では、極東競技大会の成果として、スポーツの「民衆化」を論じているが、ここでも、この大会を契機とした女子スポーツの台頭を「民衆化」の一つの表れとして積極的に評価している。

　数年來年一年と興隆の氣運に向つてきた運動界は、昨春頃から更に格段の緊張味を示し、一面各方面の運動が漸次秩序正しく組織立てられてくると同時に、其の民衆化は運動そのものと國民の生活とを一層緊密に結合させ最早一部階級の獨専を許さず、性の如何を問はず、老幼の区別なく運動が國民生活の必須なる一部分として其の位置を占むるに至るべき端緒をつくつた、殊に婦人の運動に對する愛好と興味は昨春以來急激に増加して、各種の競技會が各地に挙行され、我國婦人の運動に對する理解は益々深くなつてきた、今次の極東大會に於て我が婦人選手が極東に覇を唱へ得るに至つたのも決して偶然の事ではない[43]。

さらに、大会後に記念写真集を出した時事新報社と大阪時事新報社も大会雑感の一部として、「意義深い女子競技　東洋史上特筆す

図5　オープン競技の女子テニス、対フィリピン

べき競技場に結んだ交誼」とのタイトルの下で、今大会の特徴として女子ス
ポーツの登場について触れている。

　　最後に今回の大会に女子競技がオープン競技として加へられ庭球、バレーボー
　ル共に日本側の勝利に帰したことはまことに喜ぶべきことである、しかし我等は
　その勝敗を問ふことよりも更に日、支、比三国の女性が東洋に歴史あつて以来始
　めて競技場に交誼を結び、競技を交へたことは特筆して後世に伝へることの出来
　るのを欣快とするものである、今後三国の女性も男性と共に相携へて、この東洋
　平和に最も意義ある事業に携はることは益々極東大会をして光彩を増さしめるも
　のであつて、切にその進歩発達を希ふものである [44]。

　この大会は、日本の女性が初めて参加した国際競技大会として記録される
が、その歴史的意義は語られてはこなかった。極東競技大会が日本におけるス
ポーツの「民衆化」の時代的な流れの中で開催されたことで、女性のスポーツ
への参加への流れを強化する契機となったことは確かであろう。もちろん、大
正期には、女子教育や「解放」が女性自身によって語られ、また女性の社会進
出やスポーツを論じる女性雑誌も次々と創刊されていた [45]。そうした流れを
強力にしていったのは新聞メディアであったということも言えるだろう。
　大阪時事新報社は女子庭球を後援し勝者に自社杯を贈っているが、この大会
の直後の 6 月 3 日には大阪女子体育研究会主催の「第三回大阪女子運動競技大
会」を後援し、女子スポーツの方面でのスポーツ事業を進める姿勢を示してい
る。大阪毎日新聞は、より強力にこの流れに竿をさす。翌 1924 年には、健母会、
中央運動社とともに初の「日本女子オリンピック」を開催することとなる [46]。
健母会は、木下東作の主導で大阪府下の女学校の体操教師たちで組織された一
種の勉強会であり、中央運動社は大阪毎日新聞社と連携する体育、スポーツ関
連の出版社であった。第一回の『日本女子オリンピック』は、大阪市内で開催
され、初めての女子野球 [47] も競技されている。そして、奈良の大和美吉野運
動場に会場を移して 1935（昭和 10）年の第 12 回まで開催されている。
　さらに、この第 6 回大会は、女子スポーツが観戦の対象となった初めての大
きな大会であった。新聞社が、当時の女子の体育・スポーツの理念に賛同して
いたとしても、読むスポーツ、観るスポーツとしてのスポーツ事業の魅力がな

ければ大きな展開はなされない。そうした意味でも、新聞社がスポーツ事業と
して「女子スポーツ」を見出した大会であった。

おわりに

　本稿では、東アジアでのスポーツ交流を進めた「極東競技大会」に焦点を当
て、新聞を中心としたマス・メディアが普及発達する中で開催された第6回大
阪大会の特徴を、メディアの側から明らかにしてきた。
　第6回大会は、とりわけ大阪朝日新聞と大阪毎日新聞がスポーツ事業を通じ
ての販売競争を激化させる中で開催された。大会期間中、競技場、各新聞社の
報道と市内の速報板、期間中の講演会や映画上映会、さらにニューメディアと
して人々を驚かせたマグナボックス、そして上記の会場に集まり、また移動す
る観客や聴衆、さらに、団体体操として動員された小学生、女学校生徒、青年
団員など、大阪市及びその周辺の地域と人々が、大会前から「極東オリンピッ
ク」の騒ぎに巻き込まれていったと言えるだろう。これは、日本史上初めての
「体験」であった。そしてこの時期、スポーツ事業に熱心であった新聞メディ
アが競い合っていた大阪で開催されたからこそ、この第6回大会は「メディア・
イベント」的様相を呈することになったのである。

【注】
1)　田舎片善治選手は、愛知一中の生徒として、前年1912年4月に開催された大阪毎日新聞主
　　催クロスカントリーで優勝している。また、井上輝二はこのレースで二位となり、その後大
　　阪毎日新聞に記者として入社している。(黒田勇『メディア スポーツ 20世紀』関西大学出版
　　部、2021年、補論「クロスカントリーと『郊外開発』」)
2)　西尾守一は、大阪市出身で堂島中学（現北野高校）を経て早稲田大学の野球部で活躍し、大
　　阪毎日新聞に初の『スポーツ専門記者』として入社したとされる。(毎日新聞社史編纂委員
　　会『毎日新聞七十年史』毎日新聞社、1952年、521頁)
3)　シュテファン・ヒューブナー（高嶋航・冨田幸祐訳）『スポーツがつくったアジア　筋肉的
　　キリスト教の世界的拡張と創造される近代アジア』一色出版、2017年
4)　同上、393頁
5)　高嶋航『帝国日本とスポーツ』塙書房、2012年、16～17頁。本書は数少ない極東競技大会
　　の研究書である。
6)　遊津孟『日本スポーツ創世記』恒文社、1975年、128頁
7)　『日本体育協会史 上巻』1936年、740頁
8)　体協と大阪毎日新聞が別々に選手を派遣している。このときも、F.S.ブラウンが大毎の選手
　　たちとともに行動している。この時期は派遣団体の正統性等についての問題を議論するほど

スポーツ団体の組織は成熟していなかった。詳しくは、黒田前掲書（2021 年）71 〜 74 頁参照のこと。

9）日本体育協会『日本体育協会七十五年史』1986 年、54 頁

10）ヒューブナー前掲書（2017 年）58 頁

11）日本体育協会前掲書（1986 年）323 頁

12）同上 741 頁

13）「大阪朝日新聞」1916 年 7 月 28 日朝刊。木下東作は 1878（明治 11）年に生まれ、旧制第一高等学校、東京帝国大学医科大学で長距離走選手として活躍した。1903 年卒業後大阪府立高等医学校に赴任、運動生理学者、スポーツ評論家として活動し、1926 年から 1932 年まで大阪毎日新聞初代運動部長としても活躍した。安井昌孝「木下東作とその周辺」『日本医事新報』No.4126、2004 年、55 頁。

14）阪神電気鉄道株式会社臨時社史編纂室編『輸送奉仕の五十年』阪神電気鉄道、1955 年、84-87 頁及び黒田前掲書（2021 年）125-127 頁

15）日本体育協会前掲書（1986 年）323 頁

16）同上 324-325 頁

17）残念なことに、日本体育協会及び日本オリンピック委員会は、このイベントについて誤った記載をしている。日本体育協会『日本体育協会・日本オリンピック委員会の 100 年』日本体育協会、2012 年

18）「大阪毎日新聞」1917 年 5 月 20 日付

19）毎日新聞社 130 年史刊行委員会『「毎日」の 3 世紀　新聞が見つめた激流 130 年（別巻）』毎日新聞社、2002 年、122 頁

20）時事新報主催の「不忍池長距離競走大会」（1901 年 11 月）が日本初の新聞社主催のスポーツイベントとされる。黒田前掲書（2021 年）第一章「新聞事業としてのマラソン大会の誕生」

21）報知新聞社『報知七十年』報知新聞社、1941 年、61 頁

22）毎日新聞社 130 年史刊行委員会前掲書（2002 年）上巻、443 頁

23）『別冊キネマ旬報』1960 年を参考

24）「東京朝日新聞」1917 年 5 月 13 日付

25）大阪市港区役所『港区誌』1956 年、56 〜 57 頁

26）ヒューブナー前掲書（2017 年）117 頁

27）同前書 117 〜 118 頁

28）黒田前掲書（2021 年）175-189 頁

29）「大阪毎日新聞」1923 年 5 月 18 日付夕刊

30）黒田前掲書（2021 年）81-86 頁

31）同上 120 頁。1910（明治 43）年 10 月 25 日から 3 日間、大阪毎日新聞が、シカゴ大学と早稲田大学野球部を招いて香櫨園で開催した野球大会。

32）「大阪時事新報」は、東京の時事新報が大阪に進出して 1905 年（明治 38 年）3 月 15 日に創刊された。大阪時事新報の盛衰について詳しくは、松尾理也『大阪時事新報の研究』（創元社、2021 年）参照。

33）福永健一「ベル・システムにおけるマイクロフォンとラウドスピーカーの研究開発（1876-1931）」『人間科学』関西大学大学院社会学研究科（88）、2018 年 3 月、37-38 頁

34）『20 世紀放送史』上巻、日本放送協会、2002 年、24-25 頁

35）同上 25-26 頁、黒田勇『ラジオ体操の誕生』青弓社、1999 年、126-133 頁

36）佐藤前掲書（1954 年）7 頁

37）江崎グリコ株式会社編纂『創意工夫：江崎グリコ 70 年史』江崎グリコ、1992 年、14 頁

38）ヒューブナー前掲書（2017 年）117 頁

39）大阪市役所篇『明治大正大阪市史 第一巻 概説篇』日本評論社、1934 年、647 頁

40）同上

41）佐藤前掲書（1954 年）8 頁

42）「大阪朝日新聞」1923 年 5 月 25 日付夕刊

43）大阪朝日新聞社編『運動年鑑 大正一二年度』大阪朝日新聞社、1923 年、1 頁

44）時事新報社・大阪時事新報社篇『第六回極東選手權競技大會記念寫真帖』十字舘、1923 年、19 頁

45）植田康夫「女性雑誌にみるモダニズム」南博編『日本モダニズムの研究』ブレーン出版、1982 年、134-135 頁

46）中央運動社編『大正十三年度日本女子オリンピック年鑑（第一年)』中央運動社、1924 年

47）竹内通夫『女學生たちのプレーボール』あるむ、2021 年、48-61 頁

※図 2，4，5 の写真は時事新報社・大阪時事新報社篇前掲書（1923 年）より転載

第2章

20世紀初頭のスポーツイベント
と鉄道の『郊外』戦略
―豊中グラウンドに焦点をあてて―

談 韡

はじめに

　豊中グラウンドといえば「甲子園野球」発祥の地としてその名は広く知られている。1913（大正2）年に建設され、僅か9年間存在したこのグラウンドでは、箕面有馬電気軌道（現・阪急電鉄、以下「箕面電車」）と新聞社とが連携して様々なスポーツイベントが開催された。この点において、豊中グラウンドは近代スポーツの歴史に重要な意味をもつ。これまでエリートの教養として発展してきたスポーツは、その開催場所を校庭から専門的なグラウンドに移し、観客席の設置を通じて観戦する娯楽の意味が付与されたと、考えられてきたからだ。

　豊中グラウンドに関する先行研究としては、正木喜勝『豊中グラウンドの誕生とその意義』[1] 及び坂夏樹の『一九一五年夏第一回全国高校野球大会』[2] があるのでまずそれらを紹介したい。

　正木は豊中グラウンドの立地、構造（観覧席、煉瓦塀）を新聞記事、雑誌を通じて明らかにしている。正木によると、豊中グラウンドは娯楽の場でありながら、教育の場でもあった。「スポーツ観戦を娯楽として享受する人」「競技のルールを初めて知る者」「レクリエーションを楽しむ者」「上達を目指して指導を受ける者」が同時にこの場に存在し、それぞれの方法で利用しただけでなく、「学校教育、すなわち体育や課外活動の場として貢献」したという。

　正木の指摘する「教育」についていえば、当時行われていたスポーツのほと

んどすべては学校教育に関わって開催されていた。この時期スポーツとは中等教育以上の在学生や卒業生のものであり、例えば、野球は学校と学校の対抗戦として行われ、そのほとんどが校庭で開催されてきた。この豊中グラウンドができることによって、初めて多くの学校が集まり、「大会」を催すことができるようになった。言い換えれば、豊中グラウンドの開発によって、新聞社が主導権を握ってスポーツイベントを開催できるようになったのである。

　一方、坂は2回の全国中等学校優勝野球大会、日米大野球戦、日本フートボール優勝大会及び日本オリンピック大会などスポーツ大会の様子を詳しく再現することで豊中グラウンドの足跡を辿り、豊中グラウンドが日本近代スポーツの原点で、豊かなスポーツ文化の拠点であると位置付けた。さらに坂は電鉄と新聞社の連合に目を配り、「阪神電鉄と朝日新聞の連合軍」対「箕面電車と毎日新聞の連合軍」という対比をしている。彼によると、新聞社は資金と宣伝手段だけではなく、企画・運営する人材を有し、電鉄会社は観客を運ぶ交通機関を持ち、乗客を招致するために様々なイベントを催し、イメージアップを図っている。このように、坂は新聞社が大会を主催し電鉄会社が沿線グラウンドに招致するという当時のスポーツイベントの構図を見出した[3]。

　二つの先行研究はともに日本スポーツ史における豊中グラウンドの位置づけと意義に注目している。だが、箕面電車がなぜ豊中グラウンドを建設したのか、そして最後になぜ豊中グラウンドを住宅地に変えたのか、について十分な検討を加えていない。

　豊中グラウンドは小林一三の「郊外」戦略の一環として建設され、後に住宅地に変更された。小林一三は周知のように、箕面電車の創業者及び経営者であり、郊外開発の先駆者とされている。都市間電車とは違い、郊外電車にとって一番重要な問題は何もない郊外にどうすれば乗客を誘致できるか、ということである。小林は箕面電車に乗客を招くために宝塚少女歌劇団、箕面公園、豊中グラウンドなどを建設した。同時に住宅地を開発し誘致された乗客を住民に変えようとした。さらに、豊中グラウンドがスポーツイベントを催す度に、宝塚では美人劇などを上演し、箕面公園の旬の観賞植物について新聞で告知していた。「郊外」戦略というのは、以上のように、箕面電車を始めとして、宝塚少女歌劇団、箕面公園及び住宅地など一体的に郊外を開発／建設する計画である。

　そこで本稿は、箕面電車の集客戦略を明らかにするために、豊中グラウンドでスポーツイベントが開催されたタイミングでの箕面電車切符の割引、宝塚、箕面まで回遊を進める広告と記事などを整理する。具体的には豊中グラウンドで行われた日米大野球戦、日本オリンピック、全国中等学校優勝野球大会に焦点を当て、大阪毎日新聞、大阪朝日新聞の記事、広告、特に割引切符及び宝塚、箕面までの回遊を進める記事内容を分析する。こうした作業を通じて箕面電車の集客戦略を明らかにしていく。

　このことで、豊中グラウンドを小林一三の「郊外」戦略という大きな枠組みの中で捉え返し、その役割と位置づけを考察したい。豊中グラウンドにおけるスポーツイベントの分析を通じて小林の鉄道事業の本質である「郊外」性の構築を明らかにし、小林一三の描いた「郊外」戦略を新たな側面から明らかにしていく。

第 1 節　「田園都市」構想と電鉄

　1910（明治 43）年に開通した箕面電車は梅田と箕面、宝塚の間で営業していた。現在のこの沿線を知るものからは想像できないが、当時は何もないところに電車を走らせようとしていた。3 月 10 日の大阪朝日新聞は大阪府北部の西成、豊能を「久しく忘れられてゐた」二郡と呼び、箕面電車の開通によって「再び世に出る事になり、兵庫縣下の一部も非常に交通上の便利を得ることになる[4]」と報じている。

　大阪毎日新聞の記事にも、箕面電車開業当日の光景が描かれている[5]。「朝來の寒風」にもかかわらず「當日の物珍しさに初乗りに出かくる者多く」、「梅田停留場附近は絶えず人山を築き各車とも満員の盛況であつた」。沿線に住む人々からも注目され、「農耕中の野良男は電車の通行の都度鍬の手を休め笑顔もので見送って居るのもあれば夕陽の日光の好い縁側に孫を抱きながら駛つて行く電車を不思議さうに見て居る老爺もある」と、いかに都会からかけ離れた田園風景の中を電車が走っているかが強調される。さらに、「其内でも岡町から寶塚に至る沿道の各停留場ではそれぞれ趣向を凝し岡町池田、中山等では町内に球燈、国旗を掲げて居る等妙に田舎の光景を引立てた」。記事によると、宝塚における芸妓の踊り、花山車（はなだし）の噺などのイベントをきっかけに、沢山の人

出があり、「實に寶塚開闢以来の賑はひださうな」と、これも「田舎」である
ことが強調される。

　以上の記事からも理解できるように、箕面電車開業前の箕面、宝塚は農村地
帯で、電車も無ければ賑わいも少なかった。したがってどうすればこのような
田舎に客を引き寄せ、電車を使って遊びに来させるかは経営上の重要な課題で
あった。これこそが箕面電車の実質的な経営責任者である小林一三の郊外戦略
の出発点とも言えるだろう。

　この郊外戦略の根底を支える思想は「田園都市」である。由谷裕哉によれば、
「田園都市」の思想が初めて日本で受け入れられたのは 1907（明治 40）年であっ
た。「小林のこの事業に関する意味付けの中に、田園都市構想を彷彿とさせる
表現が存在する」とし、「1918 年に至って田園都市株式会社を創設した渋沢よ
り、さらに早い 1909 年の時点で小林は田園都市の価値を認識し、箕面電車の
沿線にそれを構築しようとしたのではないだろうか 6)」と指摘している。

　由谷は井上友一の言説と小田内通敏の『帝都と近郊』の考察を通じて日本特
有の田園都市構想の再評価を行ったが、当時の人々が「田園都市」に対してど
のようなイメージを抱いていたのかを考察していない。そこで、当時の記事を
辿ってみると、1909（明治 42）年 7 月の東京日日新聞は、三回に分けて「橘
村」という筆名の下で「田園都市」を紹介している。一回目は「東京の村落電
車」、二回目は「我國にも欲しき田園都市」、最後の三回目は「平和なる田園都
市」という見出しであった。一回目では主に橘村自身が使っていた元外堀電車
の郡部線について記されている 7)。彼自身が名付けた「村落電車」とは「村落
特設の電車では無いけれど、村落式の樹立の間を通るから、電車に乗飽きてゐ
る僕等に取つては甚だ趣味が深い譯である」。

　この「村落電車」を切り口として橘村は二回目の記事で「田園都市」を紹介
している。当時の「田園都市」に付与されたイメージは以下のようなものだっ
た。

　　然らば田園都市とは、如何なる性質のものかと云へば、其の都市には一定の病
　院もあらうし、一定の旅館もあらうし、一定の娯楽場もあらうし、一定の教育場
　もあらうと云ふ譯で、今日我國の田舎の如く、雑然混然として、道路は惡るく衛
　生は届かず、教育場は不完全で、娯楽場は無しと云ふやうなもので無い 8)

　このような「田園都市」は国家の事業ではあるけれど、橘村は「私人」と組み合わせて一町村に一つ設けることができるとし、私人で「田園都市」事業を行うことに賛同する。さらに、「田園都市」に「中等以上の階級者が住むともなれば、一のデパートメントストアを設けても能い譯で、斯うなれば、喧がしい都會に住む者も、却て續々と此の田園都市に移住して來るだらうと思ふ。また移住者が共同して圖書館を設くるも宜し、遊戯場を立てるも宜し、其他凡百の方法は限りない程ある」と「田園都市」の構想を展開する。

　以上の橘村の主張からも、この時期には「田園都市」のおおよそのイメージが構築されていたといえよう。「田園都市」に必要な設備は、「村落電車」「デパートメント」「遊戯場」「教育場」「病院」と「旅館」であり、また、「田園都市」はきれいで、緑豊かで、衛生設備も完備している。この「田園都市」に「中等以上の階級」を移住させて、「村落電車」を使って都市まで通勤させるのである。

　さて、小林一三は箕面電車を開通させ、豊中グラウンド、宝塚少女歌劇団、箕面公園と郊外戦略を展開し、一つの「郊外」を作り上げた。小林一三は、「田園都市」の理念に触発されていたかもしれないが、作り上げたものはあくまで「郊外」である。日本における「郊外」とイギリス伝来の「田園都市」には明らかな差異があった。

　小野修三は田園都市の誕生と日本での受容を考察する際に渋沢栄一の例を取り上げ、渋沢が欧米のような「事務所と住宅とが一つ場所と云ふ事は甚だ不自然だと」考えており、「何うしても事務所と住宅とは截然と別にしてしまはねばならない事になる、すると今の東京の有様では所詮斯う云ふ贅沢な事は出来ない、私が田園都市の建設を思ひ立つたのは是からである[9]」と述べた。すなわち、日本式「郊外」とイギリス伝来の「田園都市」との違いのひとつは、職住の分離であり、「郊外」に住み電車を使って都市で出勤するライフスタイルが日本式の「郊外」である。

　若林幹夫も「郊外」の成立には通勤が重要だと考えている。

　　郊外という場所の成立を、社会のあり方の歴史的変化のなかで考える場合、通勤というのが大きなファクターとなります。近代化のなかで都心に通勤するサラ

リーマン層が出てきて、それらの人たちが都心周辺に住めなくなったときに最初は外側にマスプロ住宅地が広がって、通勤の交通経路に沿って住宅地が開発されていく。社会形態論的にというか地理学的にはそうして成立した場所と、そこにある社会が「郊外」であるというふうに定義できると思うんです [10]

　以上の若林の議論にしたがえば、「村落電車」を使って都市まで通勤することが必要だった小林の事業は、「田園都市」というよりは「郊外」と呼ぶ方が相応しいだろう。
　こうした前提を踏まえ、次節では、豊中グラウンドにおけるスポーツイベントの分析を通じて小林一三の描いた「郊外」戦略に限定して明らかにしたい。

第2節　豊中グラウンドについて

1.　豊中運動場（グラウンド）

　豊中グラウンドは「豊中運動場」とも呼ばれる。1913（大正2）年6月21日の日米大野球戦をもって開場し、この後10月17日から三日間日本オリンピックを開催し、さらに、よく知られているように、二年後の1915（大正4）年8月に大阪朝日新聞主催により、全国中等学校優勝野球大会を催している。その後、1922（大正11）年に「宝塚大運動場」の完成もあって豊中グラウンドは、住宅地として販売された。小林一三の経営戦略からすれば、豊中グラウンドは正に住宅地建設の一環であったといえるだろう。
　箕面電車の創設と経営の中心にいた小林一三は次のように言ったとされる。

　　　人間を運んで金儲けをしようというのは、そりゃ人力車夫の仕事だよ。（中略）鉄道が敷ければ、人が動く。人には住宅地もいる。食料品もいる。娯楽機関も社交機関もいる。それ等は自由競争である。[11]

　1910年代、小林は宝塚少女歌劇（1914年4月～）、箕面動物園（1910年11月～1916年3月）、豊中グラウンド（1913年5月～1922年）などを設立し、箕面電車の乗客誘致をすすめ、一方、住宅地を開発し、乗客を住民として恒常的なものとした。宝塚少女歌劇、箕面動物園、豊中グラウンド、電車及び住宅

地の集合体こそが小林の鉄道事業だと考えられる。

2.　豊中住宅地

　『阪神急行電鉄二十五年史』によると、箕面電車は「日本に於ける土地住宅経營の元祖」であり、箕面公園と宝塚などの「四季行楽」だけで「乗客を吸収する」のが「至難」であるとして、「沿線各地に数十萬坪の住宅地を買収し、この開發と新市街の建設によつて乗客を増加すると同時に相當の利潤を計上し、開業初期に於ける利益の増加を計り配當準備たらしむる計畫[12]」を実施したとする。要するに、行楽電車だけでは経営は成り立たないので、住宅開発をして乗客の増加を計画したというのである。

　地元の『豊中市史』においても以下の資料のように、「池田停留場に開設した電車庫と線路を挟んだ南側の土地、2 万 7,000 坪を明治 42 年（1909）3 月に買収、ただちに造成工事を進め、電車開通と同時に住宅分譲を始めた[13]」とし、1911 年にも「箕面支線の新停留場「桜井」付近の 5 万 5,000 坪が新たに開発され、このようにして住宅地経営は本格的に動き始めた[14]」と記されている。

　豊中グラウンドが完成した翌年の 1914（大正 3）年、「隣接する豊中住宅地の分譲が開始」されることになった。『豊中市史』によれば、「この住宅地は豊中停留場と軌道路線に接して、その西側にひろがる比較的平坦な地形であり、その線路位置からみて小林一三が適地とみた場所の一つであったろう」としている。

　「豊中運動場を組み込んだ 5 万坪の規模」である豊中住宅地は、運動場以外の 23 号地までを「70 坪〜180 坪ぐらいに分割し、東西方向に整然とメインの街路が配置され、当初それらの通りにはそれぞれ名称がつけられていた。（中略）共同施設として住民の集会所「豊中倶楽部」も設置され、郊外生活の新味をだしていた。住宅以外に大グラウンド（豊中運動

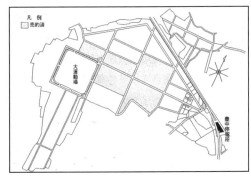

豊中住宅地図
（豊中市『新修豊中市史　集落・都市』1998 年、9 巻、221 頁）

場）を中心として、学生の共同寄宿舎、日本生命の社宅、浪速銀行、近江銀行、山口銀行の各寄宿舎が建てられ、ベースボール、テニスなど、当時としては非常にモダンな暮らしぶりであったと、『山容水態』は記している」[15]。

　因みに、豊中運動場が建設された後、1920（大正9）年頃から箕面電車とは別に、岡町住宅経営株式会社による「新屋敷と呼ばれた旧常磐通一帯の経営地」の分譲が始まったが、「電鉄開発の豊中住宅地に隣接するもので、「豊中」の住宅地化は総合的にみて軌道線路の西方から発展した[16]」とするように、豊中の住宅地としての発展は、箕面電車の住宅地分譲から始まったことは改めて確認しておきたい。

　実際、住宅地経営は箕面動物園、豊中グラウンド及び宝塚少女歌劇よりも先に計画し、開始された。住宅地計画が先行し、そして鉄道によって動き出した人々の社交と娯楽に着目して、箕面動物園、豊中グラウンドと宝塚少女歌劇を建設し、郊外という環境が整えられた。ちなみに当時の宣伝パンフレットともいえる『山容水態』のなかでも、「沿道風景の絶美なること、箕面公園、寶塚温泉等の名所遊覧地多きゆへ、郊外散策等家族的快楽を得るには申し分ないこと」と謳っている。『阪神急行電鉄二十五年史』[17]の1909（明治42）年から1927（昭和2）年までの運輸状況一覧表によると、1913（大正2）年の乗客数は上下合わせて5,503,074人、前年度の5,243,982人及び翌年度の4,920,080人より著しく増えているが、豊中グラウンド開設初年度のスポーツイベントの観客も当然含まれている。

3.　小林一三にとっての豊中グラウンド

　豊中グラウンドは、箕面電車が箕面動物園、宝塚新温泉に次いで第三に着手した施設であり、当時の宝塚唱歌隊よりも早く設立されている。しかし、小林一三は、宝塚歌劇団についての言及に比べ、豊中グラウンド及び野球事業についてはほとんど言及してこなかった。数少ない資料のひとつとして、1935年の「職業野球団打診」という一篇がある。これに

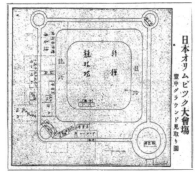

「大阪毎日新聞」1913年10月17日付、4頁

よれば、グラウンドをもつ鉄道会社がそれぞれにリーグ戦を行い、「乗客収入と入場料で野球団の経営費を支出」する。さらに、関西と東京で優勝した野球団が東西野球試合を決行し、「年中行事」としたいと考えたとしている。

　　私は、計画だに良ければ必ず成立するものだと信じている。それはグラウンドを持つ鉄道会社例えば、東京ならば京成電車、東横電車、関西ならば阪神の甲子園、阪急の宝塚、京阪の寝屋川、大阪鉄道の何とかいうグラウンドなど立派な野球場を持つこれらの鉄道会社が各会社専属のグラウンドにて、毎年春秋二期にリーグ戦を決行する。そうして優勝旗の競争をする。…（略）…もし仮に私の理想のような野球団が関西に生まれて、その優勝試合が年中行事となる場合には、東京にも必ず同一野球団が出来て、そこに初めて東西の優勝試合が行われるという事になると思う。これが一番実行可能な方法であると信じている。[18]

　この見解は豊中グラウンドが完成して23年後のもので、すでにグラウンドが閉鎖された後のものである。豊中グラウンド計画時と完成直後に小林自身の言及が極めて少なく、このグラウンドをどのように使おうとしていたかは定かではない。したがって、ここで開催された日米大野球戦、日本オリンピック、第一回、第二回全国中等学校優勝野球大会が行われた時期の大阪毎日新聞、大阪朝日新聞に掲載された新聞記事、集客広告を整理し、分析することによって、箕面電車の集客戦略を明らかにしていきたい。

第3節　スポーツイベント

1.　日米大野球戦

　豊中グラウンド開設初のイベントである1913（大正2）年6月の「日米大野球戦」は大阪毎日新聞が主催した慶應大学対スタンフォード大学の野球大会だった。

　6月19日の「日米大野球戦前記」の記事では、豊中グラウンド行きの路線図を添付し、「一般観覧席は二三萬人を容るゝに足れば充分観覧の餘地あるべし」と記載し、豊中グラウンドの大きさを強調し、観客の動員を図っている。注意すべきところは「箕面主催の餘興」というサブタイトルで、観戦終了後の

箕面と宝塚への回遊を勧めていることである。

　　箕面電鐡にては競技の當日豐中グラウンドより箕面、寶塚を回遊する乗客のた
　め寶塚にては二十一、二十二両日午後一時より八時まで新温泉餘興場において活
　動寫眞の餘興を催し今回の野球戰に因み歐米及び我國における代表的運動競技を
　主（しゅ）とし之に種々興味ある新書を交へて映寫する由にて新温泉入場者に限り観覧無
　料なりと又箕面似ても廿二日午後一時より六時迄動物園に於て剣舞及琵琶の餘興
　を催す由 [19)]

　この記事からわかるように、宝塚新温泉には当時まだ新奇なものだった活動
写真が用意され、箕面動物園には伝統的な剣舞と琵琶の余興が用意され、日米
野球と一体となって、宣伝されている。
　当日の切符と余興を紹介する記事以外に、前日にも連動イベントを行ってい
た。例えば、5月7日に宝塚に於いて「婦人博覧会」の広告、山本停留場前に
「牡丹満開」のお知らせ及び箕面での「絵画展覧会」の広告が掲載されている。
5月8日には「清荒神の盛花会」という記事も掲載され、同時期に沿線で開催
される様々な催しへの来場を誘っている。
　沿線イベント前後の広告については、日米大野球戦の前日に、箕有電軌周辺
の新住宅地予約売却の広告が出されている。これら広告によっても豊中グラウ
ンドは住宅地の一環として位置付けられていたことがうかがわれる。

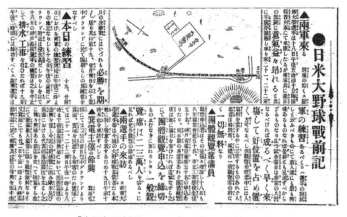

「大阪毎日新聞」1913 年 6 月 19 日付、3 頁

「大阪毎日新聞」1913 年 5 月 7 日付、10 頁　　「大阪毎日新聞」1913 年 6 月 18 日付、13 頁

2.　日本オリンピック

　1913 年の 10 月 17 日～ 19 日に行われた日本オリンピックも、大阪毎日新聞が主催した最初の総合的陸上競技大会であった。オリンピック参加に熱心であった大阪毎日新聞が、前年のストックホルムオリンピック参加を経て、日本国内でも「オリンピック」をスポーツ事業として進めようとするものだった。「オリンピック」という名称ではあったが、関西を中心とした児童生徒までもが参加し、陸上競技を中心とした「大運動会」というべきものであった。競技種目は、100、200 メートルなど以外に、500 メートル障害物競走、走高跳、走幅跳、竿跳、槌抛、鉄弾抛、投球（野球二号ボール）など。さらに、江戸堀女学校生徒 450 人や清水谷女学校生徒 550 人の大運動（集団体操）などの演技が実施された。山本によると、「女学生を動員することにより近代スポーツ，とりわけ陸上競技が何たるかを観覧させることにより陸上競技に対する理解を深めさせた」とする[20]。

　さて、この大会への観客動員についても、観客の箕面、宝塚への回遊を勧める記事が掲載された。その前日 16 日の記事では、「箕面電鐵の設備」「讀者優待券」「豊中行往復切符」[21] などの記事が掲載されている。

　大阪毎日が大会観覧を誘うこの記事からも、箕面電車とタイアップした乗客誘致の意図が見られる。4 か月前の日米大野球戦の時よりさらに動員に工夫がされている。例えば、「豊中停留場より箕面若しくは寶塚に片道だけその切符にて通用が出来る」「温泉並に動物園入場券を贈呈す」「寶塚パラダイスには三日間電氣應用女優登場の美人劇『幻』及び日本五景五場を無料にて觀覧に供す」「オリムピック大會の大活動寫眞をも寶塚パラダイスにて觀覧に供す」「オリム

ピック大會の大活動寫眞をも寶塚パラダイスにて觀覧に供す」などがある。こうした新聞記事以外に大阪毎日新聞と箕面電車の連携を証明する資料は管見のかぎり発見できていないが、実質的な連携事業ということができよう。

　この日本オリンピック大会は、大阪毎日新聞の主要なスポーツ事業として、1923（大正12）年4月に大阪市立大運動場が完成するまで豊中グラウンドで開催され、その後も1925（大正14）年の第8回まで開催される[22]。

3.　全国中等学校優勝野球大会[23]

　第一回、第二回全国中等学校優勝野球大会の主催は大阪朝日新聞であったため、ここでは大阪朝日新聞の記事を主に考察する。同大会は、「全國の代表的健児が一場に會して潑溂たる妙技を競ふ全國大會の催しあるを見ず」という当時の野球界の状況を踏まえ、「各地方を代表せりと認むべき野球大會に於ける最優勝校を大阪に聘し豊中グラウンドに於て全國中等學校野球大會を行ひ以て其選手権を争はしめんとす」と宣言する大阪朝日新聞社の社告とともにはじまった。しかし、その第1回目は、現在の高校野球の「理念」とはややかけ離れた「興行」的なものであった。

　1915（大正4）年8月17日、大会前日の朝日新聞では、「グラウンドの整備整ふ—百廿間の天幕と簀屋根—」の他に、「觀覧電車の増發」という記事が掲載されている。大会時に通常の51銭から20銭を安くした全線回遊券を発売するなど、大会への観客動員とともに、他の郊外娯楽への動員を試みている。

　一方、8月18日には「箕電社長の寄贈」「箕電の選手請待」という二つの見出しを掲載している。「箕電社長の寄贈」では「箕面電車會社社長平賀敏氏は今回の最優勝校選手に對して丸善書店の五十圓圖書切手を贈る筈」。「箕電の選手請待」

「大阪朝日新聞」1913年7月1日付、1頁

では「箕面電車にては十八日第一日に試合終了後今回の大會参加選手一同を寶塚温泉パラダイスに請待し其の慰労會を催すべく塚行特別電車を發車せしむべしと」とある。8 月 19 日にも同様の記事「箕電選手請待　寶塚パラダイスにて」を掲載し以下のように記していた。

箕電 選手請待會 寶塚パラダイスにて
　終日試合疲れ観疲れたる大會選手一同は十八日午後六時より箕面電鐵會社に招かれ、特別電車にて寶塚パラダイスに繰り込みたり。先づ大温泉にて汗を流したる後設けの席にて菓物サイダー及び簡単なる晩餐の饗應あり。夫れより餘興に移り少女歌劇の演奏ありしが、初めに小林専務の紹介にて平賀社長は、今回朝日新聞社の主催の全國優勝野球大會につき諸君が豊中グラウンドに於て奮闘せらるゝは本社の無上の名誉とする所にて、朝日新聞の社説にもありし通り、今日諸君が野球に對する奮闘はやがて社會に於ける奮闘たらん事を望むと云ふ意味の簡単なる挨拶ありて後、舌切雀、音楽カフェト等の面白き無邪氣なる歌劇に拍手せるが、更に少女團一同が「野球大會の歌」を合唱せし時は満堂破るゝばかりの大喝采、かくて十時過ぎ特別電車にて歸阪せしが、車中にて歌劇の物眞似などにて大賑ひ大元氣なりき　　　　　　　　（「大阪朝日新聞」1915 年 8 月 19 日付、9 頁）

　現在では考えられないが、出場選手たちは箕面電車に「招待」されて宝塚パラダイスに行き、温泉に入り、「晩餐の饗応」を受け、そのあと少女歌劇を鑑賞している。主催者としての大阪朝日新聞は箕面電車とタイアップすることで、選手たちを「接待」したことになるが、箕面電車も今日でいう「共催団体」のようにふるまい、寄贈と招待という形で自社の取り組みが新聞に掲載されている。宝塚少女歌劇は 1915（大正 4）年に創設されており、この時の余興は、二年前の「日米大野球戦」の際の活動写真と女優劇から少女歌劇へと変化している。そして、この招待会は新たに誕生した宝塚少女歌劇の宣伝にもなっていった。
　さらに、翌年 1916（大正 5）年の第二回全国中等学校優勝野球大会においても、8 月 16 日付で「箕面電車増発」という前年同様の記事を掲載している。しかも最後に「尚十六日は寶塚に煙火大會を開催し二十日には寶塚の少女歌劇を特に午後九時迄開演す可し」と、花火大会と宝塚少女歌劇の広告のような一

文を掲載し、より明確に野球観戦と宝塚でのイベントとタイアップしての乗客誘致の意図が見られる。

　上記の新聞記事以前にも、宝塚少女歌劇（8月12日付）、花火大会（8月14日付）の広告が掲載されている。

右：大阪朝日新聞「全國花火大會」
1916.8.14、8 頁
左：大阪朝日新聞「寶塚少女歌劇」
1916.8.12、8 頁

4.　関西学生野球大会

　現在では、朝日新聞による豊中グラウンドにおける全国中等学校優勝野球大会の創始に注目が集まっているが、実は、その二年前の1913（大正2）年8月に、美津濃運動具店の主催のもと豊中グラウンドで「関西学生野球大会」で開催されている。

　水野利八の伝記によると、1911（明治44）年に彼は既に実業団野球大会を計画していた。この時期に、「新聞社が定期的に主催していたスポーツは毎日新聞の浜寺テニス大会があった程度で、野球に対してこんな計画をするなど、よっぽど物好き扱いにされていた [24]」。彼は毎日新聞にもこの話を持ち掛けたが乗り気ではなかったため、自ら主催すると決めたという。1912（大正元）年8月に開催する予定だったが、明治天皇の死去により開催が一年延期され、1913年8月1日に初の関西学生野球大会が5日間にわたって開催された。

　第1回開催の世話役をしていた佐伯達夫は、開催場所の豊中グラウンドについて次のように回顧している。

　　そのころの豊中グラウンドは、外野のサクが金属の棒にナワを通して張っただけという、今日から見ればみすぼらしいものだったが、それでも当時は日本一ということで、前の晩から蚊帳を吊って待っている熱心なファンもあった。二、三千人もの人が集まったというので大変な騒ぎで……[25]

　　今から思えば貧弱なグラウンドだが、そのころは第一級の球場で、一塁側に十段くらいのスタンドがあり、ネット裏にも三百人くらいは入れたんじゃないかな。

三塁側はテント張り。外野は金属の棒に網を張ってフェンスの代わりにしていたが、センターの後にはスコアボードもあってね[26]

　因みに、早稲田大学の学生であった佐伯達夫は、大会の世話役を務めるとともに出身の市岡中学の外野手としても出場している。出場チームも中学に限定されず、野球の盛んだった三高や「同志社アポロ倶楽部」のようなOBを含めたクラブチームも参加していた。競技形式もトーナメントで優勝を決めるのではなく、当時行われていた対抗戦形式をとっていた。

　さて、1913（大正2）年8月2日付大阪毎日新聞が大会の経過を報道してはいるが、箕面電車も大阪毎日新聞も共催をしているわけではなく、沿線イベントなどに関する記事は掲載されていない。ただ、同日の別頁には関西学生野球大会と「各派連合競泳会」についての箕面電車による広告が掲載されている。興味深いのは、この各派連合競泳会が宝塚室内水泳場にて開催されたことである。

　1913（大正元）年に宝塚大劇場がまだ作られておらず、その劇場となる場所がプールであった。『宝塚少女歌劇廿年史』には「宝塚室内水泳場」についての記述がある。

　斯して寶塚經營集中主義の結果として、新温泉内の娯樂的設備を充實せしムルことゝなり、明治四十五年七月一日には近代的な構造の洋館を増設して、室内水泳場を中心とした娯樂設備を設け、これをパラダイスと名づけたのであるが、此プールの設計は當時の日本にはどこにも無い最初の試みであつたが、時勢が早すぎた事と、蒸氣の通らない室内プールの失敗と、女子の観客を許さない取締や、男女共泳も許されないといふいろいろの事情から、利用される範囲が頗る狭小に局限されて結局失敗に歸したのであつた[27]。

「大阪毎日新聞」
1913年8月2日
付、12頁

確かにプール経営に失敗し、宝塚少女歌劇の舞台となる劇場に改装されるのであるが、この室内水泳場で競泳会が催されたという事実からすれば、この時期には宝塚においてもス

ポーツイベントを通じて乗客を誘致しようと小林一三は考えていたとしてよいだろう。

　1915（大正4）年7月1日、大阪朝日新聞は全国中等学校優勝野球大会の開催を社告で掲載した。水野利八は、大阪朝日の要請にしたがって関西学生野球大会の第三回大会を一府二県の予選を兼ねるものにした[28]。先に述べたように、大阪毎日新聞が水野の申し出を受け入れていれば、後の「甲子園野球」は全く異なる歴史を歩むことになっただろう。

　さらに付言すれば、豊中グラウンド開設一年前の1912（明治45）年には、大阪毎日新聞が十三—箕面間で日本初のクロスカントリーを開催し、箕面電車は全面協力している[29]。この時には、北摂の田園地帯全体がスポーツのスペースであったが、箕面電車は、後のイベントで実践される様々な乗客誘致の方法を模索していた。

おわりに

　以上、本章では、箕面電車の郊外開発戦略の一つとして、豊中グラウンドで開催された日米大野球戦、日本オリンピック、全国中等学校優勝野球大会などのスポーツイベントに注目した。従来、箕面電車の郊外開発は、「宝塚戦略[30]」に焦点が当たり過ぎていたきらいがあるが、豊中グラウンドの建設と運営により、「郊外戦略」の中にスポーツイベントは確実に位置付けられていたことを明らかにした。具体的には、単に、そのスポーツイベントによって乗客の増加を図るだけではなく、割引切符を販売したり、宝塚で公演と花火大会を開催したり、箕面公園への回遊を進めたりなど、他の郊外に連動していたことを明らかにした。

　ちなみに、京浜急行電鉄は、豊中グラウンドより先に1909（明治42）年に羽田運動場を建設している。ただ、箕面電車の事業戦略とは異なり、京浜電鉄には当時「郊外」を開発する意図はなく、ただ各駅本来の観光スポットを利用しての乗客誘致を行っていた。羽田運動場で行われたスポーツイベントも新聞社と連携して行われたものではなかった。

　まとめれば、豊中グラウンド、宝塚歌劇団、住宅地及び鉄道は独立した事業ではなく、一体となって「箕面電車」の経営責任者である小林の「郊外」戦略

の中に位置づけられていたのである。一方、小林の「郊外」戦略は豊中グラウンドによって補完されたともいえる。豊中グラウンドというスポーツスペースの完成は、博覧会、新温泉及び箕面動物園によって作られた郊外の文化空間を、さらにスポーツが補完し、これによって郊外の健康的な生活スタイルを提供する役割を果たすことになったのではないだろうか。

【注】

1) 正木喜勝「豊中グラウンドの誕生とその意義」『阪急文化研究年報』(4)、2014 年、23-26 頁
2) 坂夏樹『一九一五年夏第一回全国高校野球大会』さくら舎、2021 年
3) 新聞社と鉄道の連係によるスポーツイベントの起源については、黒田勇（『メディア スポーツ 20 世紀』関西大学出版部、2021 年）第 1 章「新聞事業としてのマラソンの誕生」に詳しい。
4) 「大阪朝日新聞」1910 年 3 月 10 日付、9 頁
5) 「大阪毎日新聞」「箕面開通の賑ひ　寶塚の藝者踊」1910 年 3 月 11 日、11 頁
6) 由谷裕哉「田園都市に住むこと：井上友一および小田内通敏をめぐって（シンポジウム「住む」ことをめぐって：思想・民俗・建築から考える）」『北陸宗教文化』(28)、2015 年、73-90 頁
7) 「東京日日新聞」「田園都市　一　東京の村落電車」1909 年 7 月 3 日付、5 頁
8) 「東京日日新聞」「田園都市　二　我國にも欲しき田園都市」1909 年 7 月 8 日付、5 頁
9) 小野修三「E・ハワードと西村伊作：田園都市の誕生と日本における受容をめぐって」『慶應義塾大学日吉紀要. 社会科学』20、2009 年、1-22 頁
10) 重松清・若林幹夫・伊藤俊介・饗庭伸「郊外に生きるとは（対談〈特集〉〈郊外〉でくくるな──等身大の都市周縁）」『建築雑誌』(1603) 2010 年、10-15 頁
11) 髙碕達之助「小林一三さんを偲ぶ─人生の燈台─」『小林一三翁の追想』阪急電鉄株式会社、1980 年、69 頁
12) 阪神急行電鉄株式会社『阪神急行電鉄二十五年史』1932 年、「土地住宅経営の元祖」、1 頁。
13) 豊中市『新修豊中市史　集落・都市』9 巻、1998 年、215 頁
14) 同上、217 頁
15) 同上、222 頁
16) 同上、217 頁
17) 阪神急行電鉄株式会社『阪神急行電鉄二十五年史』1932 年、「電鉄事業」、1 頁
18) 小林一三『私の行き方──阪急電鉄、宝塚歌劇を創った男』（再々版）PHP 研究所、2006 年、59 頁
19) 「大阪毎日新聞」1913 年 6 月 19 日付、3 頁
20) 山本邦夫『近代陸上競技史　上巻』道和書院、1974 年、309 頁
21) 「大阪毎日新聞」1913 年 10 月 16 日付、11 頁
22) 山本邦夫『近代陸上競技史』道和書院、1974 年、上巻
23) 全国中等学校優勝野球大会と豊中グラウンドの関係については、清水諭と菊幸一も触れているが、清水は小林の私鉄沿線開発について言及し、「当時、急増しつつあったホワイトカラー層の家庭が体現する新しい家庭生活のイメージを、住宅、電鉄、百貨店、イベントによって演出しようという戦略だった」（清水諭『甲子園野球のアルケオロジー』新評論、1998、203 頁）とする。と同時に、豊中グラウンドを含める一連のイベントを「この国のレジャー、スポーツの文化的起源を消費社会の中で確立させようとした」（211 頁）と評価している。一方、菊は豊中グラウンドを「貧相」とし、小林の「意図する観客の動員に堪えられるような施設で

はなく、経済的な価値を生み出す文化的装置ではなかった」（菊幸一「物的文化装置として
の甲子園スタジアム」『高校野球の社会学』世界思想社、1994年、94頁）とし、大会の豊中
から鳴尾への移動理由を論じたが、両者とも、甲子園を主な研究対象として豊中グラウンド
をあくまで前段階として考察している。

24）美津濃株式会社『スポーツは陸から海から大空へ―水野利八物語』1973年、146頁
25）同上、146頁
26）同上、6頁
27）宝塚少女歌劇団『宝塚少女歌劇廿年史』1933年、3頁
28）美津濃株式会社『スポーツは陸から海から大空へ―水野利八物語』1973年
29）詳しくは、黒田勇前掲書（2021年）補論「クロスカントリーと『郊外』開発」参照のこと。
30）津金澤聰廣『宝塚戦略』講談社、1991年

東京オリンピック(1940年)の復興 "神話"

水出幸輝

はじめに　いだてん×震災復興

　開催が予定されていた 2020 年東京オリンピック（2020 年大会[1]）の前年、NHK は大河ドラマで初めてスポーツをテーマに採用した。『いだてん〜東京オリムピック噺〜』（2019 年 1 月 6 日〜 12 月 15 日）である。いうまでもなく、2020 年大会への機運を高めようとするものであったはずだが、過去最低の視聴率を記録したことが話題になった[2]。

　主人公は「"日本で初めてオリンピックに参加した男" 金栗四三と "日本にオリンピックを招致した男" 田畑政治」[3]の二人。落語家の古今亭志ん生をストーリーテラーとし、時空を超えてストーリーが交わっていく。ドラマは二部構成で展開され、金栗四三から田畑政治へと主人公がリレーされた。二人の中継地点に位置する出来事は関東大震災後の復興運動会である[4]。第一部の完結にあたって行われた「リレー会見」において、金栗四三を演じた中村勘九郎は以下のようにコメントしていた。

　　震災（関東大震災）があった。何を憎めば良いのか、どこに怒りをぶつければ良いのか。僕も 3.11 のときに九州で舞台をしていました。このまま芝居をしていて良いのか悩んだ。でも出演者と話し合って、僕たちには芝居しかない、みんなに元気になって欲しいから、という思いで舞台を続けた。それが金栗さんにとっては走ることだったんですね。スポーツの力だった。[5]

図1 『NHK 大河ドラマ「いだてん」完全シナリオ集 第1部』
（文藝春秋、2019年）

『いだてん』の視聴者も、少なくない人びとが中村勘九郎と同じように関東大震災と東日本大震災を重ね合わせたのではないだろうか[6]。そして、その後に展開されていくストーリーにおいて、幻となった1940年の東京オリンピック（1940年大会）と関東大震災の関係が、2020年大会と東日本大震災の関係にオーバーラップしていく。

「震災とスポーツ」、あるいは「復興とオリンピック」は『いだてん』が焦点をあてて描いたテーマの一つだった。興味深いのは、1940年大会の招致過程において関東大震災が重要なものとして持ち出されていることである。例えば、東京開催決定の直前にIOC委員長のラトゥールが日本へ視察に訪れた場面。嘉納治五郎は明治神宮外苑競技場で東京開催の希望を以下のように訴えている。

> アントワープの大会は実に素晴らしかった。戦争で痛手を受けた町で、あえて開催した、あなたの決断に感銘を受けた。東京も震災で被害を受けたが、13年かけてようやく立ち直った。だからこそ私はやりたい、ここで、オリンピックを！[7]

1920年のアントワープ大会は戦災から立ち直った町で開催し、大きな感動を生み出した。だからこそ、震災の被害を受けた東京でオリンピックを「やりたい」。ドラマの中で嘉納治五郎は1923年に発生した関東大震災からの復興を、東京にオリンピックを招致する理由として掲げている。

しかしながら、1940年大会においてオリンピックと震災復興はこれほどまでに結びつくものだったのだろうか？ 『いだてん』は膨大な歴史資料の調査、史実関係の事実確認などをもとに制作されたという[8]。とはいえ、ドラマであるから脚色も存在する。嘉納治五郎によるこの発話も演出がかったものであったはずだ。そのためこの描写を粒立てて取り上げる必要はないのかもしれな

い。だが、同作で描かれた 1940 年大会と関東大震災の関係には注意しなければならないだろう。なぜなら、『いだてん』と同様の指摘が 2020 年大会の招致委員会、あるいは研究者たちからなされているにもかかわらず、アカデミックな検証が十分に行われていないからである。

　1940 年大会招致の背景に関東大震災が存在することは史実として扱われ、戦災復興と 1964 年大会、東日本大震災の復興と 2020 年大会という東京で開催／予定された 2 つのオリンピックとの共通点がこれまでに指摘されてきた。だが、この認識は正しいのだろうか。そこで本稿は、東京のオリンピックと復興語りの結びつきを概観したうえで、1940 年大会を対象とする研究がどのように関東大震災を扱ってきたかを確認する。こうした作業を通じ、現代社会におけるオリンピックと復興語りの相対化を目指していく。

第 1 節　2020 年大会をめぐる復興噺

　2013 年にブエノスアイレスで行われた IOC 総会で、2020 年大会の東京開催が決定した。このとき行われた東京招致団による最終プレゼンテーションは話題を呼び、当時のテレビ報道ではプレゼンテーションの技法や戦略が盛んに分析・解説された。また、東日本大震災の発生から間もなかったために、福島第一原発をめぐる問題にも関心が及んでいる[9]。

　東日本大震災からの復興というテーマとの対応で象徴的だったのは、宮城県気仙沼市出身のパラリンピアン佐藤真海である。最終プレゼンテーションの一人目の登壇者であり[10]、「私がここにいるのは、スポーツによって救われたからです」と語り始めた。被災後に行われたアスリートによる支援活動について、以下のように述べている。

　　私はスポーツの真の力を目の当たりにしたのです。新たな夢と笑顔を育む力。希望をもたらす力。人々を結びつける力。200 人を超えるアスリートたちが、日本そして世界から、被災地におよそ 1000 回も足を運びながら、5 万人以上の子どもたちをインスパイアしています。私達が目にしたものは、かつて日本では見られなかったオリンピックの価値が及ぼす力です。[11]

アスリートたちによる震災後のボランティア活動は、「スポーツの真の力」を示すものであったという。そしてそのことを「オリンピックの価値」と重ね合わせ、東京でのオリンピック開催をアピールした。

　佐藤のプレゼンテーションに限らず、2020年大会の招致委員会・組織委員会は東日本大震災からの復興というメッセージを発信してきた。例えば、『東京2020大会ガイドブック』では、「復興オリンピック・パラリンピック」という項目を設定し、東京開催決定後に発生した「熊本県等」の災害「復興」に言及している[12]。また、聖火リレーのコースが紹介されている組織委員会のホームページでは、福島、熊本だけでなく、あらゆる地域を災害「復興」と結びつけて紹介していた[13]。日本にはいくつも被災地や被災経験を持つ地域があり、そうであるがために、「復興」という言葉に重要な意味が付与されている。

　しかし、拙稿で指摘した通り、日本においてオリンピックと災害復興は必ず結びつくものではない。1964年の東京オリンピックは直前に新潟地震が発生し、開催期間中には被災地と呼べる地域が存在していたにもかかわらず、オリンピックで新潟の復興を呼びかける声は存在しなかった[14]。オリンピックと災害復興の関係は自明なものではないのである。

　裏を返せば、「復興五輪」をコンセプトとする招致委員会・組織委員会は「復興」を語る正統性を担保しなければならなかった。そこで持ち出されたのが、東京におけるオリンピックの歴史である。組織委員会は2016年に公表した『東京2020アクション＆レガシープラン2016』の中で「歴史上の偶然もあるかもしれませんが、オリンピック・パラリンピック大会は東京・日本の歴史の節目との関わりが非常に強いといえます」と述べている。1964年大会は「戦後の焼け野原から復興・復活した東京・日本の姿を世界の人に知ってもらう機会」であり、2020年大会は、東日本大震災の「復興に寄せられた世界中からの支援にどう感謝の意を示すか、スポーツが復興・社会に寄与する姿をどう発信するか等が問われる」という[15]。そして、1940年大会については以下のように「復興」との対応を説明した。

　　結果的には、国際情勢が不安定となり中止となりましたが、1940年大会は、明治の開国以来の発展した日本の姿を、そして1923年の関東大震災から復興した東京の姿を世界に示したいということが招致の理由でした。[16]

　1940 年大会は関東大震災、1964 年大会は戦災、2020 年は東日本大震災。日本で開催／予定された 3 度のオリンピックは、「東京」だけでなく、「復興」を含めた二重の意味で連続するものだと述べられている。この点について、阿部潔は「それぞれの歴史上の時期において「復興」が重要な位置を占めていた／いる点を強調することで、首都東京でオリンピックを開催する歴史的な意義を読者に訴えかける手法が、そこでは採られている」と指摘し、さらにここで記述される歴史が「いささか奇異なもの」であると批判している[17]。

　　従来であれば、戦前・戦中の軍国主義との関連で記憶されてきた「幻のオリンピック」は、少なくとも公的な歴史の語りにおいて否定的に論じられてきた（あるいはその存在自体が忘却されてきた）であろうし、オリンピックの歴史記述においても、前回ベルリン大会との類似性において軍事・政治によるオリンピック理念の侵害（自国の国威発揚による政治的利用）の事例として語られるのが常であったからだ。〔・・・・〕さらに言えば、同大会には関東大震災から復興した東京の姿を世界に示すこと以上に、同じく四〇年に開催が計画されていた「万国博覧会」とともに「皇紀二六〇〇年祝賀」のための国家イベントとして計画されていたことにも、当然のごとくなにも言及はない。[18]

　2020 年大会の招致以前、1940 年大会は公的な歴史語りにおいて「その存在自体が忘却されてきた」。オリンピックの歴史記述においても関東大震災からの復興ではなく皇紀二六〇〇年祝賀の文脈が重視されてきた。にもかかわらず、組織委員会の資料では「復興」語りの正統性を担保するために、関東大震災が持ち出されるようになったのだ。
　1964 年大会と戦後復興の対応についてはこれまでも多くの研究者が指摘している[19]。市川崑の記録映画『東京オリンピック』（1965 年、東宝）も戦争の記憶を色濃く描き込んでいた。同時代的にオリンピックと戦災復興が結びつけられようとしていたことは明らかだ。しかしながら、1940 年大会と関東大震災からの復興が同時代でいかに語られ、そうした語りはどれほどの支持を得ていたのか。次節以降ではこの問題について論じていく。

第 2 節　誰が関東大震災を語ったのか？

　1940 年大会について、事実経過を確認できる基礎的な資料は 2 つ存在する。ひとつは東京市役所が編んだ『第 12 回オリンピック東京大会東京市報告書』（東京市、1939 年）であり、もうひとつは 1940 年大会の組織委員会が編んだ『報告書』（第十二回オリンピック東京大会組織委員会、1939 年）である[20]。

　『第 12 回オリンピック東京大会東京市報告書』は約 380 頁に及ぶものだが、関東大震災については 2 カ所でしか言及していない。1931 年 10 月 28 日に東京市会において満場一致で可決された「国際オリンピック競技大会開催に関する建議」についての記述と、1932 年 6 月 9 日付で永田秀次郎東京市長が外務大臣の斎藤実に宛てて提出した上申書についての記述である。このうち、東京市会の建議は 1940 年大会と関東大震災の結びつきを指摘するための論拠として用いられる場合が多い。同書には以下のように記されている。

> 　国際オリンピツク競技大会開催に関する建議
> 第十二回国際オリンピツク競技大会開催を我が東京市に於て開催し得る様理事者に於て適当なる処置を講ぜられたし。
>
> 　理由
> 従来国際オリンピツク競技大会は各国主要都市に於て開催せられたるも未だ曾て東洋に於て開催せられたることなし。
> 復興成れる我が東京に於て第十二回国際オリンピツク競技大会を開催することは我国のスポーツが世界的水準に到達しつつあるに際し時恰も開国二千六百年に當り之を記念すると共に、国民体育上裨益する処尠からざるべく延ては帝都の繁栄を招来するものと確信す。[21]

　ここで確認できる「復興成れる我が東京に於て」という記述が、オリンピックと関東大震災の結びつきを示す根拠として用いられてきた。しかし、注意しておきたいのは、たしかに「関東大震災」というキーワードを確認することができるものの、"関東大震災からの復興を記念して"といった記述はなされてい

ないということだ。招致理由や開催意義として言及されたわけではなかったのである。

　この建議が提出された前年の3月末、東京では帝都復興祭が行われており復興の「完了」が祝われていた。「復興成れる我が東京」という記述は前年にこうした催しを経て復興が完了したという東京の歴史経緯を示しており、関東大震災と40年大会の特別な関係を意味する記述ではない。主たる意義として語られたのは、1940年が皇紀二六〇〇年にあたることと国民体育向上への寄与であった。つまり、「復興成れる我が東京」という記述は、1931年10月28日当時における東京の状態を説明する枕詞に過ぎないものだった。震災復興が重要なのであれば、"復興を記念して" などのように記述するはずだが、そうはなっていないのである。

　永田秀次郎が斎藤実に宛てた稟議についても同様の指摘ができる。『第12回オリンピック東京大会東京市報告書』に記載された実際の記述は以下の通りである。

　　本市に於ては既に復興事業完成し市域拡張も決定して着々大都市たるの施設を進め居る今日第十二回国際オリンピック競技大会は是非之を当地に於て開催せらるる事を熱望致居り候[22]

　ここでも「国際オリンピック競技大会開催に関する建議」の場合と同じように、「既に復興事業完成し」た状況を説明するために「震災」が言及されており、オリンピック招致の理由として関東大震災からの復興が持ち出されていたとはいえない。また、1935年に牛塚虎太郎東京市長から広田弘毅外務大臣に提出された上申書も紹介されているが、そこでは震災復興に関する記述はなくなっていた[23]。

　組織委員会が編んだ『報告書』も関東大震災からの復興という文脈を強く意識したものではなかった。東京市役所の報告書と異なる性質の記述としては、1936年にベルリンで開催されたIOC総会の描写がある。それは、副島道正が「大震災後復興した東京を詳細に説明し」たというもので[24]、この記述だけでは副島がどのような説明をしたのかはわからない。だが、関東大震災からの復興を招致の理由や意義として語っていたとは考えにくい。「大震災後復興した

東京を詳細に説明」する必要があったのは、"説明しなければ開催自体が危ぶまれる"という消極的な理由によるものであったと考えられるからだ。

例えば、「国際オリンピック競技大会開催に関する建議」の提出者に名を連ね、熱心に招致活動に努めたとされる寺部頼助の著書『オリムピックを東京へ』には以下の記述がある。

　即ち是非とも永田市長が自ら米国羅府に乗り出して各国委員を招待し、復興せる東京市の実情や、我が運動競技会の現状等を説明して、東京市に於て開催せらるゝやう大いに運動之を努むるに非ざれば、其の実現は至難の事と思ふのであります。[25]

ここで寺部は、1932年のロサンゼルスオリンピックに永田秀次郎東京市長自らが乗り込み、各国に招致の意思をアピールすべきだという考えを述べている。それは、他国と比べて招致運動が「立ち遅れの形」になっているため、東京開催の実現には「非常な努力を要する」という寺部の認識に基づくものであった。また、「復興せる東京市の実情」を説明しなければ「其の実現は至難の事と思ふ」という描写からは、むしろ震災によるダメージがネガティブな要素であったことがわかる。つまり、関東大震災の甚大な被害状況が伝わっていた各国に対し、まずは"オリンピックを開催する水準まで復興した"ことを伝えなければならなかったのである。IOC総会で副島が「大震災後復興した東京を詳細に説明し」たのもおそらく同じ理由だろう。

あるいは別の見立てとして、若干時期はずれるものの「副島伯警告　準備進まざれば東京大会も危し」という1937年の記事が参考になる。副島はこの談話の中で他国のIOC委員から「東京大会まで3ケ年しかないが、果して準備が出来るか」という質問を受けたことを明かし、その応答として「日本国民は大震災後の回復を見ても判る通り、二ケ年もあれば十分準備を行ふ」と言っておいたという。続けて、「然し乍ら直に競技場の工事に着手しなければならない、今年一杯に工事に着手しないやうなら東京大会も取上げられる可能性がある」と、読者に「警告」していた[26]。このように副島は関東大震災からの復興を招致の意義や理由として語っていなかった。関東大震災からの復興経験は競技施設の建設能力を示すものとして用いられている。

図 2　『東京朝日新聞』に掲載された「副島伯警告」の記事。準備不足が懸念されていた。

　なお、同時代の報道でもオリンピックと関東大震災は結び付けて語られていない。東京オリンピックの招致に動き出したとされる 1930 年から大会返上を決めた 1938 年末まで『東京朝日新聞』の報道を確認すると、1940 年大会に関する記事は多数存在する[27]。招致レース、関係者への取材記事だけではなく、社説や連載特集などが組まれる場合もあった。しかし、関東大震災からの復興と 1940 年大会を特別な関係だと論じる記事は管見の限り存在しない。オリンピックと震災復興は合わせて語られるものではなかったのである。こうした新聞報道の動向からも、震災復興は意義として積極的に語られるようなものではなかったし、社会的な支持を得ていたわけでもないといえる[28]。

　1940 年大会が東京で開催されることが決まると、総合雑誌の『改造』には「第十二回オリムピツク東京開催に関する感想及び各方面への希望と注文」という特集が掲載された。東京開催決定を受けて、評論家が感想などを述べたものである。同特集において、評論家の武藤貞一は、「地震で壊けた東京の復興も彼等に見せるべき一つであらうか、それも後藤新平の八億円計画があのまゝになつてゐたらばの話で、今日の東京市はあまりにもお粗末である」[29]と指摘していた。復興した東京の姿を世界に見せる意義があった、という現代の認識とは逆に、東京は見せたくない都市だという認識を示している。もっとも藤田嗣治のように「東京も定めし美麗になる事と思つて居ります」と期待する者

もいたが、ここで重要なのは、この特集において関東大震災の復興に言及した者が武藤しかいなかったということである。その評価はどうあれ、1940年大会と関東大震災からの復興は併せて語られるようなものではなかったのであり、現代で語られるような1940年大会と復興の関係は共有されていなかったことがわかる。「1923年の関東大震災から復興した東京の姿を世界に示したい」という意思が国内外で共有されていたようにはみえない。

このように、関東大震災やその復興は、大会招致の理由や意義として語られるものではなかった。東京市役所の報告書では「東京駐在各国大公使にオリンピック招致の理由説明」（1936年1月18日）[30]や、大会組織委員会がまとめた「何故に第12回オリンピック東京大会は開催されねばならないか」なども確認できるが、東京招致の理由を語るこれらの資料でも関東大震災は挙げられていない[31]。1940年大会の公的な資料において、関東大震災は重要な位置を占めていないといえる。同時代の東京が近代的な都市に生まれ変わった理由、あるいは、大会関連施設を整備する能力の証左であったことは確認できるが、震災復興とオリンピックが特別な関係を結んでいたとはいえないのである[32]。

第3節　「仮説的な可能性」としての復興物語

では、いつから1940年大会と関東大震災の関係に特別な意味が読み込まれるようになったのだろうか。

初期の1940年大会研究において、関東大震災からの復興とオリンピックはほとんど結び付けられていなかった。1940年大会研究の嚆矢といえる代表的なものとして、中村哲夫による一連の研究が存在するが、関東大震災からの復興がオリンピックを開催する理由だったとは論じていない。当初、東京市が主競技場を月島に想定していたことを指摘し、「大震災後の復興をめざす都市計画の一部として、埋立地を利用して万博とともに、オリンピックをそこで開催したかったのである」[33]という記述は確認できるが、これを開催意義と読み込むことはできないだろう[34]。東京市のこうした思惑は、1940年大会の招致委員会にとって否定されるべきものであり、共有すべきものではなかったからだ[35]。その他、田原淳子、小林繁、池井優などの研究も存在しているが、いずれの成果も1940年大会と関東大震災の関係を強調するものではなかった[36]。

初期の 1940 年東京オリンピック研究において、関東大震災との関係性は前景化していなかったといえる。

　1940 年大会と関東大震災からの復興を結び付けた代表的な成果は吉見俊哉が 1998 年に発表した「幻の東京オリンピックをめぐって」[37] である。これ以後、1940 年大会の重要な背景として関東大震災が想定されるようになった[38]。

　改めて吉見の議論を確認しておこう。1940 年大会の背景として関東大震災が存在することを説得的に論じているのは「イベント都市としての帝都」と見出しが打たれた部分である。「それでは東京市は、なぜ、どのような背景からオリンピックを構想していったのか」という問いかけからはじまり、「紀元二千六百年の祭典と東京へのオリンピック招致が一体のものとして位置づけられるだけでなく、さらにそれらが震災からの帝都の復興を祝った復興祭の延長線上に位置づけられていること」、「東京へのオリンピック招致は、「帝都」としての東京の地位をめぐる新たな自己意識と結びついて浮上してきた構想だった」ことを「あくまで仮説的な可能性」（傍点引用者）として論じていた。

　吉見が議論のベースとしていたのは橋本一夫の著作『幻の東京オリンピック』である[39]。橋本の成果は巻末に主要参考文献が付されており、丹念な史料調査に基づくものであることが窺えるものの[40]、「読み物」[41] であり学術書ではない。読みやすさ、わかりやすさを重視した脚色も存在する。例えば、東京市長の永田秀次郎が 1940 年大会の招致を志す場面は次のように記されている。

　「それにしても……」
　広い市長室の椅子に腰を沈めながら、東京市長永田秀次郎は胸奥で独語した。
　〈帝都復興祭の次が問題だ。紀元二千六百年の記念事業として東京市が何をやるかだ〉[42]

　この描写をもとにすれば、1940 年大会を招致する背景に関東大震災からの復興が重要であったことを主張できるが、この点を実証することは不可能である。永田秀次郎が胸の奥でつぶやいた独り言を資料的に跡づけることはできないからだ。吉見もこうした橋本の記述に対しては以下のように慎重な姿勢をとっている。

橋本がここで示しているのは、オリンピック招致の「起源」をめぐるひとつの推論的な「物語」にすぎないかもしれない。永田が当時、実のところ何を考えていたのかを知るのはそう簡単なことではない。よく使われる東京市側の公式の資料『第十二回オリンピック東京大会東京市報告書』（一九三九年）を見ても、そうした背景的な記述はない。橋本は、一九五二年に永田秀次郎氏記念句碑建設会がまとめた『永田青嵐と東京』という文献を挙げているが、目下のところ筆者はこの文献を確認できていない。仮にこの本に橋本が書いているような記述があったとしても、それが果たして本当に当時の永田の考えなのか、後の時代に再構成された「逸話」なのかを判断する方法がない。[43]

　つまり、吉見は橋本の議論はあくまで「推論的な「物語」」とし、実証的な検証が困難であることを認めていた。また、『第12回オリンピック東京大会東京市報告書』にこの推論を論証できるような記述がないことも指摘している。だから、吉見は「あくまで仮説的な可能性」と断ったうえで、議論を展開したのだろう。「推論的な「物語」」をもとに想像力を逞しくし、「仮説」が提起されたのであった。

第4節　「幻の東京オリンピック」と復興物語の現在

　このように、帝都復興祭後の永田秀次郎による構想という時系列に注目することで、1940年大会と関東大震災を結び付ける新たなストーリーが登場した。問題は、吉見が「あくまで仮説的な可能性」と断りを入れて展開した「推論的な「物語」」が、「仮説」の検証を経ないまま繰り返され、いつしか1940年大会と関東大震災の特別な関係として、史実であるかのように語られてきたことである[44]。そして、これが近年の1940年大会語りの特徴といえる。

　実際、吉見自身も2020年に上梓した『五輪と戦後　上演としての東京オリンピック』の中で「幻の東京オリンピックをめぐって」で提示した「仮説的な推論」を、「仮説」と留保することなく繰り返している。「一九四〇年の東京オリンピック構想は、直接的には紀元二六〇〇年を記念して企画されたのだったが、より大きな流れとしては、二三年の関東大震災からの復興イベントの流れ

の中に位置づけることができる」のように、皇紀二六〇〇年よりも大きな文脈として「復興」を位置づけていた[45]。

『五輪と戦後』では参照されていなかったが、吉見の「仮説」を実証的に検証しようとする動きも存在する。『2017 年度笹川スポーツ研究助成研究成果報告書』所収の大林太朗「関東大震災（1923 年）からの復興と第 12 回オリンピック東京大会（1940 年）招致に関する研究　「復興五輪」の歴史学的研究」がそうした課題に取り組んだ成果であった。従来の 1940 年大会研究が、皇紀二六〇〇年を記念する行事として論じられてきたのに対し、「関係史料の調査・再検証を行い、関東大震災からの復興という新たな文脈において、戦前の日本における「復興五輪」の歴史」を紐解こうとした。吉見が提示した「仮説」を実証的に検証しようとした初めての試みであり、大林はこの報告書で「すでに戦前の日本では、オリンピックムーブメントと震災復興が深く関連していた」（傍点引用者）と結論づけている[46]。

では、どのように仮説の実証が達成されたのか。大林の報告書をふり返っておきたい。論証のために用いられた資料は以下の 4 点である[47]。

① 1931 年 10 月 28 日、東京市会において満場一致で可決された「国際オリンピック競技大会開催に関する建議」
②寺部頼助『オリムピックを東京へ』1934 年、市政講究会
③ 1932 年 6 月 10 日、永田秀次郎東京市長が外務大臣の斎藤実に宛てた稟議
④東京市が IOC に提出したとされる 1940 年オリンピック招致に関するアルバム *"TOKYO SPORTS CENTER OF THE ORIENT"*

このうち、①と③は先述した東京市役所編『第 12 回オリンピック東京大会東京市報告書』にも登場する資料であり、先に確認した通り、関東大震災と1940 年大会が「深く関連していた」ことを示すものではなかった[48]。②の寺部頼助『オリムピックを東京へ』（1934 年、市政講究会）もすでに引用したが、この資料に関する大林の議論を整理したうえで、④の東京市が IOC に提出したとされる 1940 年オリンピック招致に関するアルバム *"TOKYO SPORTS CENTER OF THE ORIENT"* について確認していく。

まず、寺部頼助の著書『オリムピックを東京へ』である。この資料について、

大林は「永田秀次郎市長自ら関東大震災から復興した東京市の実状を各国に説明する必要があると説いている」ものとして紹介している。大林の記述は直接引用ではないため推察でしかないが、この指摘は、"1932 年のロサンゼルスオリンピックに永田秀次郎東京市長が参加することを寺部が進言したこと" に対応させた記述と考えられる [49]。しかしながら、既に指摘した通り、この記述は「復興」した東京の姿を世界に見せるという積極的な意思があったというよりも、「復興」したという事実をまず伝えなければ招致レースを勝ち抜くことができないという事情が駆動した語りだと考えられる。また、そもそも同書で寺部は何度かオリンピック招致の理由を語っているが、関東大震災からの復興を理由として挙げていなかった。「我が国に於ては国際的会議が開かれたことが少ない」ことなどをオリンピック招致の理由に挙げている [50]。

次に、"TOKYO SPORTS CENTER OF THE ORIENT" についてである。大林が「戦前における日本のオリンピックムーブメントが、関東大震災からの復興と深い関わりを有していたことを示している」と紹介していたものだ。大林が引用したのは 'Tokyo's Origin' や 'Tokyo's Reconstruction' といった見出しで関東大震災からの復興について記された部分である。

たしかに 1940 年大会に関連する資料の中で、"TOKYO SPORTS CENTER OF THE ORIENT" は関東大震災に関する記述がもっとも厚い。大林が引用していた箇所を含む節は 'GREATER TOKYO' と題し、近代都市東京の歴史を記述していた。ここで、東京が経験した関東大震災からの復興過程についても詳しく記されている [51]。しかしながら、'Invitation' で関東大震災への言及はなく、その他の部分でも開催意義や招致の理由として登場しなかった。

この資料は東京という都市の性質を紹介するために歴史が記されたものである。つまり、ここでも関東大震災は東京をめぐる歴史的事象として言及されていた。関東大震災は当時の人びとにとって近過去の出来事であり、東京史を記述するうえで欠かすことのできない事象だったのだろう。だから、枕詞のように「復興成れる」という言葉が東京に付いて回ったのであり、このことは、1940 年大会と震災復興が特別な関係を有していることを意味するものではない。

なお、この資料は真田久監修のもと 2018 年に復刻されており、その「解説」が興味深い。

　1923年9月に起きた関東大震災により、東京市は火災によって半分が焼失したが、その後の復興努力により、東京は以前にも増して美しく耐久性の強い都市になったと言及されている。その証として、耐震構造の学校が117校建てられ、大小の公園も100余りに増えた。中でも明治神宮外苑はスポーツの中心的競技場として発展している様子が示され、大震災後におけるスポーツによる復興が暗示されている。〔……〕復興した東京でオリンピックを開催することは、スポーツによる復興の成果を示すことでもあったのである。

　スポーツによる復興は、第二次世界大戦による復興を印象付けた1964年の東京オリンピック、そして2020年の東京オリンピック、パラリンピックのビジョンにも通じるものである。3回の東京招致を通して、復興という共通のビジョンに言及されていることは、まことに興味深い。52)（傍点引用者）

　ここで、真田は関東大震災後にみられたスポーツ施設の整備、"震災市長" 永田秀次郎の存在を根拠に、「大震災後におけるスポーツによる復興が暗示」されているとし、「復興した東京でオリンピックを開催することは、スポーツによる復興の成果を示すことでもあった」と述べている。しかしながら、「スポーツによる復興は、第二次世界大戦による復興を印象付けた1964年の東京オリンピック、そして2020年の東京オリンピック、パラリンピックのビジョンにも通じるものである」という認識は、現代的な見立てだろう。

　注意したいのはここで1940年大会と震災復興の関係性を強調する真田が「大震災後におけるスポーツによる復興が暗示されている」と記していることだ。なぜ「暗示」なのだろうか？　大林が主張するように「オリムピックムーブメントと震災復興が深く関連」し、1940年大会と関東大震災の「復興」が関係するのであれば、"TOKYO" において（あるいは別の資料の中でも）復興との対応は「明示」されるはずである。しかし、そうはなっていないのだ。

　大林は吉見が提示した「仮説」の「実証」を試み、「戦前の日本では、オリムピックムーブメントと震災復興が深く関連していた」という結論を導いているが、報告書の中で提示された資料をもとにそのような指摘をすることはできない53)。吉見の「仮説的な推論」を実証的に論証することはできておらず、現時点で1940年大会と震災「復興」が強く結びついていたとはいえないので

ある。

第 5 節　関東大震災の〈災後〉

　しかしながら、なぜ関東大震災が現代よりも近過去であった時代に復興とオリンピックが結びつけて語られなかったのだろうか。

　この問題は、1940 年大会をめぐる議論ではなく、関東大震災認識との対応で検討すべきものだろう[54]。拙著『〈災後〉の記憶史　メディアにみる関東大震災・伊勢湾台風』（人文書院、2019 年）で論じたように、日本社会の災害認識は「重層的な〈災後〉」に規定されている。現代社会が東日本大震災の記憶を重要視するのは、東日本大震災の被害が甚大だったからだけでなく、それ以前の社会において災害の記憶を重要なものとみなすようになっていたことも影響している。重要な転換点は 1959 年の伊勢湾台風、あるいは、伊勢湾台風をきっかけに設置された「防災の日」（1960 年）だった。「防災の日」が 9 月 1 日に設置され、マス・メディアが 9 月 1 日という日付に意味を読み込むことにより関東大震災の周年社説が定着し、震災の記憶は再構築されている。裏を返せば、関東大震災の記憶は 1960 年以前の「震災記念日」に毎年思い出されるようなものではなかったのである。

　とくに、1930 年 3 月末の「帝都復興祭」は震災の語られ方が〈現在形〉から〈過去形〉に変質される転換点であり、目の前の課題でなくなった関東大震災は社会的な位置づけを低下させていく。東京でも周年社説の維持は難しくなり、大阪においては周年報道も縮小していった。つまり、1930 年から「防災の日」制定の 1960 年までの時代は、関東大震災の記憶が社会の中でどんどん忘れられていく過程であった。現代的な関東大震災認識は 1960 年以降に再構築されたナショナルな記憶なのである。こうした背景を踏まえれば、東京オリンピックが構想され、招致活動に取り組んだ 1930 年代に "関東大震災からの復興" が主張されないことに不思議はない。

　「オリンピック大会東京招致運動の発端」は東京市長の永田秀次郎が世界陸上競技選手権大会の総監督だった山本忠興に対し、オリンピック開催に係る欧州の状況を調査させたこととされている[55]。永田は関東大震災当時に東京市長を務め、1930 年の 5 月に再び市長に返り咲いていた。こうした事実関係を

踏まえ、「帝都復興祭」のあとに続くものとしてオリンピック招致を企図したという橋本一夫の推論、吉見俊哉の仮説が仮に正しかったとしても、その震災への思い入れはあくまで永田個人のものである。社会で支持されるようなコンセプトではなかったため、開催意義や招致の理由としては語られない。オリンピックと震災復興を過度に結び付ける現代的な状況とは全く異なるものなのである。1940 年大会を関東大震災からの復興と結びつけて語ることができるのは、関東大震災の近過去を生きた当時の人びとではなく、長い〈災後〉を経た現代の人びととなのだ。

第 6 節　「復興五輪」というマジックワード

　2020 年を控えた日本において、三つの東京オリンピックを物語るときに、「復興」がキーワードになったのは、複合的な要因によるものだろう。例えば、90 年代に日本ではカルチュラルスタディーズがインパクトを持ったが、その中心に吉見俊哉がいた。アカデミックな世界での吉見の影響力は大きく、『戦時期日本のメディア・イベント』に収められた論考が繰り返し引用・参照されてきたことに不思議はない。

　あるいは、「復興」を持ち出すことで 1940 年大会語りが現代の人びととにとって「わかりやすいストーリー」になった効用もある。多くの先行研究が指摘してきたように、1940 年大会における国内向けの意義としては皇紀二六〇〇年が重要だった。しかしながら、当時と天皇の位置づけが大きく変わった現代日本社会において、皇紀二六〇〇年という意義はわかりにくいものだろう。一方、東日本大震災だけでなく、関東大震災や阪神・淡路大震災（1995 年）といった重層的な〈災後〉を歩む現代日本において、「復興」というテーマは検証することなく重要なものと位置付けることができた。2020 大会に「復興」というキーワードを付与した招致委員会・組織委員会が、そのわかりやすくもっともらしいストーリーとして 3 つの「復興」を語ることは、有効な戦略であったといえる。オリンピックと「復興」を結び付けていた真田久は東京オリンピック・パラリンピック競技大会組織委員会参与、同組織委員会文化・教育委員会委員である。また、大林太郎は真田とともに『いだてん』の歴史考証を担当していた[56]。

しかし、本稿で明らかにしたように、1940 年大会と震災復興は特別な関係を結んでいなかった。この事実に目をつむり、「復興成れる我が東京」という記述に過剰な意味を読み込むことも可能なのかもしれないが、その場合、"1940 年大会×震災復興" と "2020 年大会×震災復興" の関係は、「震災復興」が共通しているだけで、内実は全く異なるものだったといえる。そして、この過剰な読み解きは、政治的にもっともらしい "復興五輪" という強力なスローガンにあらゆる問題が回収されかねない危険性を「暗示」しているのではないだろうか。

　また、震災復興との対応でいえば、1930 年 3 月末の帝都復興祭が「復興」の完了を宣言する祝祭であり、関東大震災語りの一区切りであったことをもう一度思い起こしたい[57]。一区切りした後の 1940 年大会招致過程において、関東大震災は結び付けて語られていなかった。この事実は、祝祭を経て震災復興が社会的な支持を得なくなったことを意味している。だとすれば、2020 大会（＝祝祭）を目指して「復興」を強調する語りは、時限性のある語りだったといえるだろう。

　日本社会はオリンピック後に「復興」をいかに語り続けるのだろう？　注視すべき重要な問題が横たわっている。

付記：本稿は Koki Mizuide, 'Recovery Olympics? The 1940 Tokyo Olympic Games and the Great Kanto Earthquake', in Andres Niehaus and Kotaro Yabu eds., *Challenging Olympic Narratives: Japan, the Olympic Games and Tokyo 2020/21*, Ergon, 2021. での議論をもとに、改稿したものである。そのため、内容には重複がある。

【注】
1)　2020 年に開催が予定されていた東京オリンピックは新型コロナウイルスの影響を受け延期となり、本稿執筆時点（2021 年 3 月）でも見通しは不透明だった。本稿では 2020 年に予定されていた東京オリンピックを「2020 年大会」、1964 年の東京オリンピックは「1964 年大会」、1940 年に開催が予定されていた東京オリンピックは「1940 年大会」と略記する。
2)　「「いだてん」平均視聴率、大河で最低　8.2 ％、「平清盛」「花燃ゆ」下回る」『朝日新聞』2019 年 12 月 16 日付夕刊
3)　NHK オンデマンドホームページ（https://www.nhk-ondemand.jp/program/P201800186700000/）【2021 年 2 月 23 日取得】
4)　第一部の最終回である第 24 話「種をまく人」は、関東大震災で打ちひしがれた人々を勇気づけるための催しとして復興運動会を扱っている。第 23 話「大地」では関東大震災が描か

れていた。

5)　「いだてん、第 1 部を締めくくる「復興運動会」へ。主役のバトンが金栗四三から田畑政治に渡り、激動の昭和を描く」2019 年 6 月 22 日公開（https://melos.media/hobby/42344/）【2021年 2 月 23 日取得】

6)　例えば、「ザッピング　いだてん発のメッセージ」『毎日新聞』2019 年 10 月 16 日付夕刊

7)　宮藤官九郎『「いだてん」完全シナリオ集　第 2 部』文藝春秋、2019 年、196 頁。このシーンは NHK のホームページで公開されていた振り返り動画「5 分でいだてん」でも採用されており、ドラマの中で重要な描写であったと考えられる。

8)　「前人未到の大河ドラマ『いだてん』はいかにして作られたのか　取材担当者が明かす、完成までの過程」2019 年 11 月 24 日（https://realsound.jp/movie/2019/11/post-450174.html）【2021年 2 月 23 日取得】

9)　同時期のテレビ報道については拙稿「2020 年東京オリンピック・パラリンピック開催決定と他者　テレビ報道を事例に」（『スポーツ社会学研究』24（1）、2016 年、79-92 頁）。より長期的な視点で「復興五輪」の報道を追跡した成果として、笹生心太「被災地から見た「復興五輪」　地方紙の記事分析から」（日本スポーツ社会学会編集企画委員会編『2020 東京オリンピック・パラリンピックを社会学する　日本のスポーツ文化は変わるのか』創文企画、241-260 頁）がある。

10)　冒頭で高円宮妃久子が東日本大震災の復興支援に感謝の言葉を述べているが、皇室は招致活動に関与しないという設定があるため、形式上は佐藤真海が一人目の登壇者となる。

11)　「東京招致委最終プレゼン全文（1）佐藤真海」2013 年 9 月 8 日（https://www.sankei.com/sports/news/130908/spo1309080095-n1.html）【2021 年 2 月 23 日取得】

12)　公益財団法人東京オリンピック・パラリンピック競技大会組織委員会・東京都オリンピック・パラリンピック準備局編『東京 2020 大会ガイドブック（2019 年 7 月版）』東京オリンピック・パラリンピック競技大会組織委員会、2019 年、17 頁

13)　公益財団法人東京オリンピック・パラリンピック競技大会組織委員会ホームページ（https://tokyo2020.org/jp/special/torch/olympic/schedule/）【2019 年 12 月 11 日取得】

14)　水出幸輝「警告する新潟地震　オリンピックを介した 2 つの「破壊」」『一九六四年東京オリンピックは何を生んだのか』青弓社、2018 年、233-247 頁。あらゆる災害復興を含み込もうとする 2020 年大会にもオリンピックと接続しない「復興」が存在している。2019 年 10 月に東京の気候を問題視した IOC が比較的気温の低い札幌でマラソンと競歩を開催すると発表し、東京都がこれに反発したことが話題となった。この問題をめぐって、小池百合子東京都知事は「都庁の中にも「復興五輪と言っていたのだから、被災地で」という声もある」とコメントしていたが（2019 年 10 月 25 日放送「とくダネ！」フジテレビ）、ここで語られていた「被災地」は東日本大震災の被災地に限られるものだと考えられる。聖火リレーのコース紹介で北海道は「胆振東部地震で特に大きな被害を受けた厚真町」を「見どころ」として紹介されていたが、小池は「復興」との対応で語らなかった。同日の記者会見でも宮城県などの「被災地」で開催する案の存在に言及しつつ、「都庁として、都として取り組んでいくかというのはまた別の話」（2019 年 10 月 25 日）とコメントしている。「復興五輪」の含意はかなりゆらぎのあるものなのだろう。

15)　公益財団法人東京オリンピック・パラリンピック競技大会組織委員会『東京 2020 アクション＆レガシープラン 2016　〜東京 2020 大会に参画しよう。そして、未来につなげよう。〜』2016 年、6 頁

16)　同前、5 頁

17)　阿部潔「先取りされた未来の憂鬱　東京二〇二〇年オリンピックとレガシープラン」小笠原

博毅・山本敦久『反東京オリンピック宣言』航思社、2016 年、44 頁

18) 同前

19) 1964 年大会のみを扱ったものではないが、同大会を扱った重要な成果として浜田幸絵『〈東京オリンピック〉の誕生 一九四〇年から二〇二〇年へ』（吉川弘文館、2018 年）がある。

20) 奥付の表記は事務総長を務めた永井松三編となっている。

21) 東京市役所編『第 12 回オリンピック東京大会東京市報告書』東京市、1939 年、4 頁

22) 同前、5 頁

23) 同前、15 頁

24) 永井松三編『報告書』第十二回オリンピック東京大会組織委員会、1939 年、25 頁。これは、「副島伯の説明」という小見出しに登場した記述で関東大震災についての記述は 1 行にも満たない。

25) 寺部頼助『オリムピックを東京へ』市政講究会、1934 年、19 頁

26) 「副島伯警告 準備進まざれば東京大会も危し 冬季大会にも拍車」『東京朝日新聞』1937 年 8 月 7 日付朝刊

27) データベースの性質は考慮されるべきだが、1930 年 1 月 1 日から 1938 年の 12 月 31 日を対象期間とし、『朝日新聞』の記事データベースで「オリンピック or 五輪」をキーワード検索した。7738 件ヒットする（発行社は東京に限定し、朝刊、夕刊、号外を対象とした。広告は含めていない）。この数が重要な意味を持つという問題ではなく、データベースの設計者が「オリンピック」というキーワードにカテゴライズした記事がこれだけ存在するという目安として確認しておきたい。

28) 『東京朝日新聞』のみの検討でこのことを結論づけることについては議論の余地があるかもしれない。だが、ここではむしろ同時代の東京で重要な位置を占めていた『東京朝日新聞』に関東大震災からの復興とオリンピックの関係性を強調する記事が目立つ形で掲載されていないことに意味を読み込むべきだろう。関東大震災からの復興とオリンピックを積極的に結び付けようとしていたのであれば、そうした記事が登場するはずだからだ。そのため、『東京朝日新聞』の検討のみで関東大震災からの復興とオリンピックを接続させるような認識が支配的ではなかったことを指摘できる。

29) 武藤貞一「第十二回オリムピツク東京開催に関する感想及び各方面への希望と注文」『改造』1936 年 9 月号、298 頁

30) 前掲東京市役所編、1939 年、18-19 頁

31) 同前、207-210 頁

32) 関東大震災との対応に意味を読み込もうとするのであれば、大会日程を決める際に「震災記念日」であるという理由で 9 月 1 日に拘っても不思議ではないが、そのような議論もみられない（前掲永井松三編、1939 年、231-234 頁）。

33) 中村哲夫「第 12 回オリンピック東京大会研究序説（III）」『三重大学教育学部研究紀要』1993 年、74 頁。しかし、「風速が強く競技に支障が出ること、万博会場と隣接することはまずいこと、埋立地に大競技場を立てることの建築技術上問題があることのため、1936 年 3 月 16 日の第 12 回国際オリンピック大会招致委員会は、「第十二回オリンピック大会招致計画大綱」において、主競技場に関しては、現神宮外苑競技場の敷地を拡張し、新たに 12 万人収容の競技場を建設することと決定したのであった」（74 頁）。

34) 内海和雄『オリンピックと平和 課題と方法』（不昧堂出版、2012 年）は中村の研究を取り上げ、「東京市にとっては関東大震災後の復興の一環として、国際都市としての東京の認知、それに伴う都市インフラの整備、そして観光資源開発などの都市振興策は指摘されていない」と述べている（264 頁）。

35) 組織委員会の報告書では、「新聞の伝ふる処に依れば東京市側のオリンピック開催に対する底意が埋立地の利用にありとの事なるがかゝる風評が萬一各方面に伝はる時は頗る不利なる結果を招くべきのみならず我體面上も遺憾至極」とあり、否定されるべき「風評」としていた（前掲永井松三編、1939 年、24 頁）。

36) 田原淳子『第 12 回オリンピック競技大会（東京大会）の中止に関する歴史的研究（中京大学博士論文）』中京大学、1994 年。小林繁「幻の第 12 回オリンピック東京大会」『四天王寺女子大学紀要』8、1975 年、1-21 頁。池井優「一九四〇年 "東京オリンピック" 招致から返上まで」入江昭・有賀貞編『戦間期の日本外交』東京大学出版会、1984 年、211-237 頁など。

37) 吉見俊哉「幻の東京オリンピックをめぐって」津金澤聰廣・有山輝雄編『戦時期日本のメディア・イベント』世界思想社、1998 年、19-35 頁

38) 1940 年大会の研究史を整理した内海和雄も同様の整理をしている（前掲内海和雄、2012 年、266 頁）。

39) 橋本一夫『幻の東京オリンピック』NHKBOOKS、1994 年

40) 浜田幸絵は橋本の著作などを取り上げ、「ある程度丹念な史料調査に基づいて書かれているが、出典が明示されておらず学術研究の成果としての要件を備えているとは言い難い」（前掲浜田幸絵、2018 年、14 頁）と指摘している。

41) 古川隆久「〔新刊紹介〕　橋本一夫著『幻の東京オリンピック』（NHK ブックス）」『史学雑誌』103、1994 年、119 頁。古川は、同書について「読み物の形式をとりながらも最新の研究成果を吸収し、巻末の参考文献目録も比較的詳細なので、少なくとも当分の間は、第 12 回オリンピック東京大会返上の経緯に関心をもつ人々にとって最良の入門書となるであろう」と評している。古川は後に『皇紀・万博・オリンピック　皇室ブランドと経済発展』（中公新書、1998 年）を刊行した。

42) 前掲橋本一夫、1994 年、12 頁

43) 前掲吉見俊哉、1998 年、28 頁

44) 例えば、石坂友司は「関東大震災によって壊滅的な打撃を被った東京市の復興を記念して、オリンピックに白羽の矢が立ったのである」（「東京オリンピックのインパクト　スポーツ空間と都市空間の変容」坂上康博・高岡裕之編『幻のオリンピックとその時代』青弓社、2009 年、98 頁）と述べている。真田久も「国際オリンピック競技大会開催に関する建議」における「復興」という単語が登場することについて、「これは関東大震災（1923 年）からの復興という意味が含まれていたことを示している。実は東京招致は 1940 年、1964 年、2020 年の 3 度成功しているが、3 度とも復興がビジョンに入っている」と指摘している（真田久「第 12 回オリンピック競技大会（1940 年）の東京招致に関わる嘉納治五郎の理念と活動」『マス・コミュニケーション研究』86 巻、2015 年 64 頁）。また、研究者によるものではないが、NHK スペシャル取材班『幻のオリンピック　戦争とアスリートの知られざる闘い』（小学館、2020 年）でも、永田秀次郎がオリンピックを招致したことを「関東大震災から 7 年、東京の復興ぶりを内外に示すのが最大の眼目だ」と記している（131 頁）。その他、近年のものとしては、高峰修「"復興五輪" としての東京 2020　エネルギー問題をめぐる国内植民地」（高峰修編『夢と欲望のオリンピック　その多様な姿』成文堂、2020 年）、天野恵一・鵜飼哲『で、オリンピックやめませんか？』（亜紀書房、2019 年）などでも同様の記述がある。

45) 吉見俊哉『五輪と戦後　上演としての東京オリンピック』河出書房新社、2020 年、66 頁

46) 大林太朗「関東大震災（1923 年）からの復興と第 12 回オリンピック東京大会（1940 年）招致に関する研究　「復興五輪」の歴史学的研究」『2017 年度笹川スポーツ研究助成研究成果報告書』2018 年、100 頁

47) なお、震災後（1924 年 2 月 3 日付）に嘉納治五郎がクーベルタンに宛てたとみられる書簡を「本

調査の過程で入手した関連資料」として紹介しているが、大林の主張に直接かかわるものではない（前掲大林太朗、2018 年、99 頁）。

48）大林は「復興成れる我が東京」という記述が確認できることを指摘し、「前年にあたる 1930年 3 月に「帝都復興祭」を開催し、一連の復興事業の完成を記念した経緯を考慮すると、オリンピック招致の機運が高まる背景に関東大震災からの復興が含まれていたことは十分に推察されよう」と述べている（前掲大林太朗、2018 年、97 頁）。しかしながら、先述の通りここでの記述は東京市が置かれた歴史経緯を説明するために震災が言及されたに過ぎない。

49）大林の研究報告書で『オリムピックを東京へ』が直接引用されていないため、同書の記述を確認し、大林の指摘と対応する箇所に見当をつけた。なお、本稿で引用した記述以外で寺部が 1940 年大会と関東大震災を特別な関係として結び付けた記述はない。

50）前掲寺部頼助、1934 年、16 頁。永田秀次郎が「序」を寄稿しているが、そこでは「オリムピック大会は著者の言はるる如く世界全民族を結合して居るものであるから、今迄の如くにその開催地を欧米に限定すべきものではない」という寺部の主張を紹介している。また、永田とともに前文部大臣の安藤正純も「序」を寄稿しているが、両者とも皇紀二六〇〇年を記念するためのオリンピックだと語っている。筆者である寺部も「皇紀二千六百年を期して、第十二回国際オリンピック大会を我が東京で開催することは色々な点から考へて最も意義ある企てと信じ」、東京市会に建議を提出したと述べており、関東大震災は持ち出されていない。

51）真田久監修『東洋のスポーツの中心地　東京　1940 年幻の東京オリンピック招致アルバム』極東書店、2018 年、ⅲ - ⅳ頁。なお、本稿における "TOKYO SPORTS CENTER OF THE ORIENT" の引用は真田監修の復刻版による。

52）前掲真田久、2018 年、ノンブルなし

53）その後、大林は 2020 年 1 月 23 日に開催された日本体育大学オリンピックスポーツ文化研究所主催のセミナー「スポーツの祭典の継承—オリンピック・パラリンピックを考える—」での報告内容に基づく記録として「「復興五輪」の歴史的根拠を求めて」（『オリンピックスポーツ文化研究』5、2020 年、37-42 頁）を発表しているが、1940 年大会と関東大震災の関係について新しい知見は提示されていない。

54）以下の議論は、水出幸輝『〈災後〉の記憶史　メディアにみる関東大震災・伊勢湾台風』（人文書院、2019 年）に基づく。同書で提示したような各時代における関東大震災認識との対応に目配せしなければ、1940 年大会と関東大震災の関係は明らかにできない。

55）前掲東京市役所編、1939 年、3 頁

56）『読売新聞』の報道によれば、真田久は脚本完成前の段階で 1923 年の関東大震災後に東京で開催された運動会について「ぜひいれてほしい」と求めたという。また、「三つの東京五輪は全て復興に関わっている」という指摘もしている（「作品の中の茨城 9　いだてん～東京オリンピック噺～」『読売新聞』（茨城）2020 年 6 月 29 日付朝刊）。

57）前掲水出幸輝、2019 年

第4章

平昌冬季五輪の北朝鮮参加に対する日韓新聞報道比較

森津千尋

はじめに

　2018年2月に開催された平昌冬季五輪は、東京夏季五輪を目前にした大会であったが、開催前年まで日本での関心はあまり高くなかった。日本メディアでは、フィギュアスケートやスピードスケートなど日本選手が上位を狙える競技は取り上げるものの、報道の中心は「北朝鮮危機、平昌に影、チケット需要伸びず」など、開催準備の遅れや韓国での関心の低さなど、大会運営への不安要素であった（毎日新聞 2017.9.20）。また韓国でも、開催地である江陵・平昌地域の環境破壊、大会後の施設管理・運営の問題、北朝鮮のミサイルに対する参加国からの懸念が報道され、大会直前の 2017年12月まで、日韓の報道は大会準備や安全に対する否定的な内容が中心で、スポーツとしての関心やイベントとしての熱気を伝えるような記事は少なかった。

　しかし2018年、北朝鮮が新年の辞にて大会参加を示唆したことで、平昌冬季五輪の報道は北朝鮮に集中し、日韓メディアともに平昌冬季五輪についての報道が増加していく。金正恩氏の実妹である金与正氏の訪韓、また「美女軍団」と名づけられた応援団や音楽団の派遣が決まったことで日韓メディアの北朝鮮報道は過熱し、平昌五輪ではなく「平壌五輪」と揶揄する記事も掲載された[1]。

　このように、北朝鮮参加により平昌冬季五輪に対する関心は高まったが、日韓メディアではそれぞれ異なる視点から大会を眺め、大会に対する評価は日韓で異なるものとなった。日本メディアでは、韓国スポーツや南北交流に対するこれまでの視点から、北朝鮮の参加を「スポーツの政治利用」と批判し、一方

韓国メディアでは当初北朝鮮参加に対し賛否両論あったが、大会が始まると批判的な論調は抑えられ、次第に「南北融和」が達成された「平和的」なオリンピックとして肯定的な評価へと統合されていった。今回は北朝鮮が平昌冬季五輪に参加するにあたり、日韓メディアにおいてどのようなトピックが設定され、またそれらが「オリンピック精神」の文脈の中でどのように意味づけられたかについて考察していく。

第 1 節　「南北スポーツ交流」に対する日韓報道とその意味づけ

　まず初めに、これまでの韓国と北朝鮮によるスポーツ交流、特に南北合同チームの結成とオリンピックでの合同入場行進に対する日韓報道についてみていきたい。

　南北の合同チームが初めて実現したのは 1991 年日本で開催された世界卓球選手権大会においてであった。大会では女子団体で合同チームが結成され、強豪の中国チームと対戦して優勝し、そして同年、ポルトガルで開催された世界青少年サッカー大会でも合同チームが結成された。しかしこれ以降、南北の合同チームの結成が実現することはなかった。

　1991 年の南北合同チームについては、日本での報道は少ないものの、毎日新聞では「あらゆる対立を超える民族的感動をもたらした」と伝え、また朝日新聞は南北スポーツ交流の実務者を招いた座談会を開き、今後の展望や日本の役割についての談話を掲載し、合同チームの意義と成果を評価した（毎日新聞 1991.5.1）（朝日新聞 1991.5.6）。

　また 2000 年シドニー夏季五輪において初めて南北合同入場が行われた際には、日本メディアも朝鮮半島の「和解」として大きく取り上げ、南北の統一へ向けた動きは望ましいものとして「手放しで称賛」した。

　このように日本において朝鮮半島における「民族的感動」や「民族の悲願」が認められるのは、日本にとって「よそごと」である場合においてのみだと阿部は指摘しているが、その指摘のとおり、2000 年代後半以降、日本にとって北朝鮮が安全保障上の「脅威」とみなされるようになると、「南北融和」に対する日本メディアの態度は変化していく[2]。特に日本人拉致問題がクローズアップされるようになると、北朝鮮に対する日本世論の関心は「拉致・ミサ

78

イル・核」に集中し、食糧問題や南北統一など、それまでいくつかあった北朝鮮に対する人道的な視点は消えていく[3]。そのため、2004 年アテネ夏季五輪と 2006 年トリノ冬季五輪で行われた南北合同行進に対する日本の報道は、北朝鮮が「韓国を利用」しているという見方が優勢となり、スポーツ交流を含めた「南北融和」に対する否定的な評価がそれ以降定着していく（毎日新聞 2004.8.22）（朝日新聞 2006.11.18）。

　一方韓国では、1990 年北京開催のアジア大会から南北合同チームについての協議が行われるようになり、メディアでもその時期から南北のスポーツ交流について取り上げるようになる。当時は与野党ともに、スポーツを通じた北朝鮮との関係改善を目指しており、メディア全体でも南北のスポーツ交流には期待感をもって肯定的に報じていた。そのため 1991 年世界卓球選手権で合同チームが優勝した際には、保守・進歩系新聞問わず「スポーツ統一」という言葉が紙面を飾っていた。この時期に北朝鮮とのスポーツ交流が韓国で受け入れられた理由として、当時は種目によっては北朝鮮選手の実力が上という評価があり、競技成績をあげるためにもメリットがあったこと、また北朝鮮との関係改善の目的は、今のような「威嚇の除去」ではなく「統一」であったため、世論からも南北の「解氷の雰囲気」は歓迎されたためとの指摘がある[4]。

　そして 2000 年代にはオリンピック 3 大会にて南北合同入場が行われるが、これは韓国政府が北朝鮮に融和的であった太陽政策の時期と重なる。2000 年のシドニー夏季五輪では、進歩系新聞が「和解を固めるオリンピック同時入場」と歓迎し、保守系新聞でも批判の声はでなかった（ハンギョレ 2000.9.14）。続くアテネ夏季五輪では合同入場のほかにも卓球の合同練習が行われ、またトリノ冬季五輪の合同入場の際には、当時誘致活動を行っていた平昌との南北共同開催の可能性についても報じられた。これら大会での北朝鮮とのスポーツ交流については、進歩系新聞は積極的に報じたが、保守系新聞からの関心は次第に低調となっていった（京郷新聞 2006.2.28）。

　その後、韓国の対北朝鮮の政策は、保守派の李明博大統領によって転換されるが、それに伴いオリンピックの南北合同入場も 2008 年の北京夏季五輪で中断する。これまで合同入場の成否は開会式直前に発表されており、北京夏季五輪でも、当初、韓国の進歩系新聞は期待をもって取材していたが、大会直前に北朝鮮側が李大統領を非難し韓国側との接触を拒絶したため、南北の協議は頓

挫した。この事態に対し、進歩系新聞は李明博大統領の対北朝鮮政策を批判し、保守系新聞は北朝鮮側、また北朝鮮に配慮した中国に対する批判記事を掲載した（中央日報 2008.8.9）。

　以上のように南北のスポーツ交流は、平昌冬季五輪以前から、スポーツとは離れた政治的な文脈のもと双方の政治エリートが主導し、お互いに政治的メリットが見いだせる場合は実現されるが、双方にメリットがない場合は実現されてこなかった。これは、北朝鮮にとってスポーツの位置づけそのものが、民主主義国家とは異なることが背景にあると考えられる。オスヨンによれば、北朝鮮にとって体力育成や体育教育は、人民の思想を強化しそれを実践する元肥として革命思想の中に組み込まれたものであり、スポーツは文化的、もしくは非政治的領域に位置づけられたものではない[5]。つまり、北朝鮮のスポーツは民間レベルで自由に扱うものではなく、あくまで体制維持のために実施されるものであり、北朝鮮では「スポーツの政治利用」という考え方自体が存在しないといえる。そのため、日韓メディア、特に日本メディアが前提とする「スポーツと政治」は「分離すべき」という考えは、北朝鮮側から見れば一方的な見方だともいえ、その見方が「正しい」とする立場から、北朝鮮の「スポーツ」の在り方を批判することもまた、政治的もしくはイデオロギー的だと捉えることができる。

　そして韓国側もこのような北朝鮮のスポーツの在り方を理解しているため、南北のスポーツ交流は政治・スポーツそれぞれの側面から両義的に意味づけされ、その時々で使い分けられる。南北関係において他の政治的な交渉が停止されている場合でも、「スポーツ交流」であれば韓国側から北朝鮮への呼びかけが可能であり、またそれが北朝鮮の体制と切り離せないからこそ、「スポーツ交流」は南北の政治交渉チャンネルとして機能していく。そのため南北の「スポーツ交流」では、まず事務官レベルで南北が協議することが政治的側面として重要であり、その後、合同チームや合同入場が実現した段階で初めてスポーツとしての「意味」が付与される。しかし日本側では、南北の政治的交渉である協議の段階から「スポーと政治の分離」という視点で批判をおこなうため、その後に実施される合同入場や合同チームの活躍についても、一貫して「スポーツの政治利用」として語られることとなる。

第 2 節　平昌冬季五輪開催までの日韓報道

　ここからは 2018 年冬平昌冬季五輪の開催が決定するまでの日韓報道の経緯をみていく。平昌は 2003 年、2007 年、2011 年の 3 回、冬季五輪開催地に立候補している。2003 年当時はまだ有力候補とみなされていなかったため、日本での報道は少なく、平昌が掲げた「南北融和」と韓国出身の IOC 委員によるロビー活動が簡潔に報じられていた。その後、2007 年に平昌が再び立候補した際の日本の報道は、北朝鮮のミサイルや拉致問題をあげて韓国の掲げる「南北融和」を疑問視し、また盧武鉉大統領や韓国内の五輪スポンサー企業の招致活動を「国をあげての応援」と説明する記事が掲載された。そして 2011 年に平昌開催が決まった際には、東京の招致活動への影響を懸念しつつも隣国として平昌を応援する報道と、韓国が五輪を「国威発揚」の場として政治利用していると批判する報道に分かれた [6]。

　平昌の招致活動に対する日本メディアの関心は、北朝鮮の問題、韓国政財界の関与、東京招致への影響という点であったが、なかでも韓国の政治家や企業による積極的な招致活動は継続的に取り上げられていた。これらの報道は、2002 年に開催された日韓 W 杯に対する日本の報道視点を引き継いでいたといえる。当時日本メディアでは、FIFA 副会長の鄭夢準氏のロビー活動により、日本単独開催から日韓共同開催となったという見方があり、韓国による「サッカーの政治利用」との批判があがった [7]。この「スポーツに政治を持ち込む韓国」というイメージは野球やサッカーをはじめとした日韓戦でも繰り返し描かれており、メディアはそれにより試合に対する人々の関心を高めながら、日本における韓国スポーツへの否定的な見方を強化、定着させていったといえる。

　しかし国際的なスポーツ大会においては、常に政治的な駆け引きや経済的問題が存在し、スポーツと政治の関係は韓国だけに限ったことではない。現に日本でも東京五輪誘致にあたっては JOC のロビー活動に対する疑惑が報じられている（朝日新聞 2017.2.8）。つまり日本も同じ問題を抱えているにも関わらず、日本メディアが韓国政府や企業のスポーツへの関与を焦点化し、それらをスポーツマンシップの点から批判することで、「問題のある」韓国は「他者化」され、日本の問題は隠蔽される構造となっている [8]。

一方韓国メディアにおける平昌冬季五輪報道は、政権交代とともに変遷していく。そもそも韓国メディアでは保守・進歩の立場が明確であり、特に主要な中央紙の記事や社説はそれぞれの政治的理念傾向に沿ってフレーム化されるため、保守系（朝鮮日報・東亜日報・中央日報）と進歩系（ハンギョレ・京郷新聞）新聞の主張はしばしば対立的になる[9]。これはスポーツ報道でも同様であり、とりわけ五輪のように国家が主導し開催する大会では鮮明になる。平昌冬季五輪の場合、最初の招致から開催までの15年間、政治的立場の異なる4人の大統領のもとで準備が進められたため、政権交代のたびにメディアの評価が反転した。

　それでも最初の招致活動から開催地決定までの報道は、全般的に招致に肯定的もしくは中立的であり、オリンピックに関連した政治および外交活動、また招致の意味が記事の主題となっていた[10]。しかし開催が決定した2011年以降、平昌冬季五輪に対する否定的な言説が形成されていく。この期間は李明博から朴槿恵へと保守政権が引き継がれた時期であるが、進歩系メディアを中心に大会開催による財政負担、環境破壊、大会後の施設維持などの問題が指摘されるようになる[11]。

　そして2016年、朴槿恵大統領の罷免にともない進歩派の文在寅政権が誕生すると、保守系メディアの政権批判が強まっていく。文大統領は就任後すぐ、IOCへ南北合同チームを提案したが、保守政党や保守系メディアはそれを批判した。しかしこれは開催地決定当時に保守政権が制定したオリンピック特別法に沿ったものであり、同じ政策であっても、施策する政権によって韓国メディアの評価が変化することがわかる。このような韓国社会における保守・進歩の対立構造は、お互いに同じ問題を抱えつつも批判することで相手を「他者化」し分断を深めるものであり、日韓の関係と類似する点がある。

第3節　平昌冬季五輪に対する日韓メディアの関心

　次に平昌冬季五輪に関する日韓の先行研究を整理しながら、大会開催中の報道傾向について概観していく。まず日本における平昌冬季五輪とメディアに関する研究として、新聞記事の内容分析、また北朝鮮参加に関する批判的な論評がいくつかある[12]。平昌冬季五輪に関する新聞記事分析では、大会前には「日

本選手」に関するトピックに次いで、「外交・政治問題」「北朝鮮選手・応援団」と北朝鮮参加に関するトピックが多く出現しており、また大会中でも「外交・政治問題」に関するトピックが掲載されていたとの結果が示されている [13]。

　またその他分野の研究として、大会開催と地域開発、大会運営と ICT についての分析もおこなわれているが、日本では分野に関わらず、平昌冬季五輪を主題とした研究は少ない [14]。これは、オリンピック研究では冬季ではなく規模が大きい夏季大会を対象とする傾向があること、さらに平昌冬季五輪の場合、2 年後には東京夏季五輪が開催されるため、既に日本の研究者の関心は東京大会に向けられていたことがある。

　一方韓国では、平昌冬季五輪については招致段階から多くの研究が行われている。外国人帰化選手の問題や国内におけるオリンピックレガシーについて、また韓国スポーツの「成果主義」の変化など、メディア言説の分析だけでも多様な視点から研究が行われているが、ここでは、インターネット上の平昌冬季五輪関連の記事を対象に、テキストマイニングの方法でキーワード抽出やネットワーク分析をおこなった研究を紹介する [15]。

　イウギョンらは、大会開幕から半年間、韓国のポータルサイト NAVER に掲載された平昌大会関連の日刊紙記事 1836 件を分析した結果、「平昌オリンピック」と同時出現頻度が高かったのは「韓国」「オリンピック」「北朝鮮」「南北」であったとしている [16]。またキムギョンシクは大会前・中・後の 3 期間に分け、平昌大会に関する全国紙記事での頻出ワードを調べた。その結果、大会前は「大統領」「韓国」「北朝鮮」、大会中は「大統領」「韓国」「カーリング」、大会後は「パラリンピック」「韓国」「ヨンミ」といったワードが頻出し、さらに大会を通して同時頻出したワードは、多い順に「平昌冬季オリンピック＆大統領」「北朝鮮＆大統領」「北朝鮮＆マイク・ペンス」「大統領＆青瓦台」「平昌＆選手」であったとしている [17]。

　以上のように、日韓の先行研究の結果からわかるのは、平昌冬季五輪記事においては日韓ともに「北朝鮮」と「政治」に関わるトピックやキーワードが頻出しており、特に北朝鮮が参加を表明してから開幕までの約 1 か月間は、外交や政治的な問題が取り上げられる傾向があったことがわかる。これはメディアによるアジェンダセッティングともいえ、大会前に、メディアが平昌冬季五輪の中心的議題を「北朝鮮」と「政治」と設定することで、それまで低調であっ

た平昌冬季五輪への関心を高め、さらに大会中も継続的に北朝鮮側の動向を政治的側面から報じ批判的な議論を展開していくことで、平昌冬季五輪のニュースバリューを維持していったといえる。

第4節　北朝鮮女性と「ほほ笑み」外交

1.　金与正氏の訪韓

　では平昌冬季五輪における北朝鮮報道はどのようなものであったのか、ここからメディアが設定した北朝鮮参加に関するトピックについて検討していく。まず日韓メディアが関心を向けたのは、北朝鮮の「政治的目的」といった競技以外の側面であり、「ほほ笑み外交」と名づけられた北朝鮮の「女性たち」であった。「ほほ笑み外交」という呼び名は、安倍首相（当時）がつけたとされており、「Charm Offensive（魅力攻勢）」と英訳され、「政治家が相手の心をつかむために意識的に親切で温かく接する政治手法を指すことば」と解説された[18]。この「ほほ笑み外交」の中心となったのは、金正恩国務委員長の特使として訪韓した実妹の金与正氏であった。与正氏は2月9日から11日の3日間、大会開幕式に参席し、文大統領との面会・昼食、南北合同チームの応援、三池淵管弦楽団ソウル公演の観覧と、公の場に何度も姿を見せメディアの注目を集めた。

　日本メディアでは、まず仁川空港に到着した様子について「黒いコートに身を包んだ金与正氏はサングラス姿の北朝鮮の護衛に守られて出口に現れ、カメラのフラッシュを浴びた。笑みを絶やさなかったが、報道陣の問いかけに応じることはなかった」と、最初の「ほほ笑み」を報じた（朝日新聞 2018.2.10）。そして文大統領との会談では、「文大統領は統一の新しいステージを開く主役」という与正氏の発言や冗談、また与正氏が年長者に席を譲る様子などが紹介され、南北関係者の「和やか」な会話の雰囲気が伝えられた（毎日新聞 2018.2.11）。金は、これまでの南北首脳会談に対する日本の報道は、北朝鮮側は一国の代表としてよりも「奇人あるいは変人」として描写される傾向があったとするが、与正氏に関しては「人間らしい」姿が伝えられ、冗談を交わす朗らかな人柄や、年上への気遣いをみせる「女性らしい」様子が描写されていたといえる[19]。

しかしこのような与正氏の「人間らしい」様子は、「自然」なものではなく、韓国を懐柔するための「術策」と解釈され、従来からの北朝鮮へのまなざしのなかに組み込まれていく。朝日新聞では、与正氏は「指導部内での序列や肩書では計り知れない存在で、正恩氏に直言できる唯一の人物」であるため、その「女性らしい」「人間味」のある言動は「北朝鮮特有の術策」だと疑惑の目を向ける（朝日新聞2018.2.9）。さらに読売新聞は「30歳前後の与正氏が持つ柔らかなイメージ」は、芸術団や応援団にも共通する「北朝鮮にとっての武器」と解説し、毎日新聞も、韓国政府が「北朝鮮のほほ笑み外交に舞い上がってふらふらしている」と懸念を伝えた（読売新聞2018.2.8）（毎日新聞2018.2.11）。

図1　「祭典舞台『ほほ笑み外交』」
（朝日新聞2018年2月10日）

　日本メディアにおいては、拉致問題が解決するまで、北朝鮮は「非難すべき相手」として捉えられると李がいうように、与正氏の振る舞いについても、「事実を隠し相手をだまそうとする」ための北朝鮮の策略と解釈され、日本メディアは「ほほ笑み」に懐柔されぬよう韓国政府に警告する立場をとっていた[20]。

　一方韓国でも、保守系新聞は、与正氏を「警戒すべき存在」と捉えていた。朝鮮日報は、与正氏の派遣は北朝鮮の「最後のカード」であり、その目的は「平昌拉致」「大会の乗っ取り」が目的だと批判した（朝鮮日報2018.2.8）。また東亜日報も、与正氏派遣の意図は、「平昌の関心を北朝鮮に集中させて北朝鮮体制広報の宣伝舞台とする」ためであり、「開幕式では金与正がその主人公」になるよう北朝鮮側の計算があるとした（東亜日報2018.2.8）。これに対し進歩系新聞は、与正氏は「最上級の実力者、メッセンジャー」であるため、その訪問を歓迎する立場であった（ハンギョレ2018.2.7）。そして「金与正を通じて

北朝鮮政権の内心を聞くことができ、わが政府の意志もさらに明確に直接北に伝達することができる」「金与正の訪問は、究極的には核・ミサイル問題でアメリカとの対話を念頭に置いている」と期待を示した（ハンギョレ 2018.2.9）。

　そして韓国メディアでも金与正氏の外見や「女性らしい」様子に関心が向けられた。保守系の朝鮮日報は「地味な方」として、「襟と袖に毛皮のある黒いロングコート姿」で「髪は特にアクセサリーもなく縛っており、薄化粧で現れた。肩にかけたチェーンバッグも無駄な装飾のないすっきりした黒のカバンだった」と紹介し、また進歩系のハンギョレでも、与正氏は「公の場では言葉を慎んでいた」が、「笑顔をしばしば見せ、明るく肯定的という印象」で、外見は「化粧気があまりない顔に、黒色・灰色・白色など無彩色系統のワンピースとジャケット、スカート、ズボンなどを着用し簡潔で地味な姿であった」と伝えた（ハンギョレ 2018.2.11）。このように韓国メディアでは、北朝鮮の権力の中心に近い与正氏については、容姿の評価よりも女性としての振る舞いに目が向けられ、「ほほ笑み」や「年長者を敬う態度」が報じられたが、それに対し北朝鮮から派遣された芸術団や応援団については、その容姿や外見にあからさまな評価がなされ、遠慮のない「好奇」のまなざしが向けられた。

2. 北朝鮮の「美女軍団」

　北朝鮮から派遣されたのは選手団・外交団の他にも、女性ばかりで構成された応援団 229 人、三池淵管弦楽団 140 人がいたが、日韓メディアは彼女たちを「美女軍団」と名づけてその様子を伝えた。

　北朝鮮の応援団が初めて登場したのは、2002 年釜山で開催されたアジア大会であり、その後も何度か国際大会の応援に派遣されたが、当時より日本メディアは「美女軍団のほほ笑み作戦」と報じていた（毎日新聞 2003.2.9）。平昌冬季五輪でも、日本メディアは彼女達を「美女軍団」「美女応援団」と呼び、「エリート層を中心に容姿など厳しい基準で選ばれた多数の女性で構成」と紹介し、その「容貌」と「女性 100 人以上が一糸乱れぬ応援」する姿を掲載した（読売新聞 2018.2.7）（毎日新聞 2018.2.15）。また、全員同じ服装と同じ振りの応援のなかで、団員の「うっかり間違った拍手」や「会場での戸惑い」をとりあげ、「応援団の必死の工作」の「ほころび」として報じた（毎日新聞 2018.02.19）。さらにコラム記事では、韓国では「田舎」である江陵でも北朝鮮からは「豊か

な生活」に見えるだろうと推測し、その風景を見た団員が、帰国後どのような運命をたどるか「心配」するものもあった（朝日新聞 2018.2.17）。日本メディアでは、北朝鮮の応援団の女性たちを、美しいが意志がなくコントロールされた「不気味な集団」と描きながらも、一方では「未熟」で「無知」な女性たちとして、その失敗や戸惑いをクローズアップすることで「素顔」をのぞき見し、「貧しい」北朝鮮での生活を想像し憐れんだ。

　そして三池淵管弦楽団については、金正恩氏の「元恋人」とされた玄松月団長に関心が集まった。彼女は「朝鮮人民軍大佐の階級」で「金委員長が結成した牡丹峰楽団の団長」であるため、北朝鮮の「音楽による政治宣伝の中核」を担う人物と紹介され、音楽団公演の韓国での人気ぶりも伝えられた（毎日新聞 2018.1.22）（朝日新聞 2018.2.6）。

　また韓国メディアでは、日本よりもさらに詳しく応援団や三池淵管弦楽団について報じていた。保守系新聞は、応援団の派遣が決まるとすぐに、これまでの応援団の構成や選抜形式、また家族や出身者などを紹介した（東亜日報 2018.1.20）。さらに彼女たちが北朝鮮女性の平均身長よりも高い「165cm 程度で、鮮やかな耳目口鼻が引き立って見えるようきれいに化粧」しているのは、北朝鮮側が経済難や飢饉から抜け出したことを強調するためだと推測した（東亜日報 2018.2.8）。また楽団団長の玄松月氏の化粧、バッグ、毛皮のマフラーやアンクルブーツを「玄松月ファッション」と詳細に伝えながら、韓国国民の「ファッションが過度でかえって野暮ったい」「母の若い時期の白黒写真を取り出した気がした」といった声を紹介し、南北の「差」を強調した（東亜日報 2018.1.16）（朝鮮日報 2018.1.21）。韓国の保守系新聞は、北朝鮮は「韓国よりも遅れている」という視点から北朝鮮の女性たちの「容姿」や「持物」を評価し、自分たちとは異なる「他者」として関心を向けていた。

　それに対し進歩系新聞は、応援団は「競技場内外の緊張緩和の雰囲気を作り出す上で大きな役割を果たす」と期待を示していた（ハンギョレ 2018.1.1）。そして応援団が到着すると、「ほとんどが 20 代女性」で、彼女達は歩きながら「互いにヘアースタイルをなで、ひそひそ話をして微笑を浮かべ」「韓国の溌剌とした若者たちの姿と差がなかった」と、自分たちと変わりない「同胞」として捉えていた（ハンギョレ 2018.2.9）。そして応援団の休憩室やトイレにまで入り込むような過熱取材や、彼女達の服装や容貌を評する「イエロージャー

図2　「統一旗をふる北朝鮮の応援団」
（毎日新聞社提供）

ナリズム」を非難した（ハン
ギョレ 2018.2.9）。

　このように北朝鮮女性に対
するまなざしにおいては、日
本メディアと韓国保守系メ
ディアで共通点があったこと
がわかる。日本また韓国保守
層から「他者」として位置づ
けられた彼女たちは、「観察」
すべき対象として「好奇」の
視線が注がれ、そこで見られ
る「ほころび」や「間違い」は、いかに「自分たちの社会」よりも「遅れている」
のかを示すものとして解釈された。金与正氏や玄松月氏ら政治的中心にいる個
人は「妖しく」「相手を惑わす」警戒すべき存在であり、応援団等の「女性たち」
は、体制に組み込まれ意志を持たない「素朴」で「無知」な人々として語られ
た。さらに日本メディアは、北朝鮮女性に対し「警戒」と「好奇」のまなざし
を交互に向けながら、それに「懐柔される」文政権を批判し、南北による「オ
リンピックの政治利用」という言説を強化していった。

第5節　南北スポーツ交流における
　　　　「スポーツマンシップ」と「平和貢献」

1.　「南北合同チーム」への批判

　次に競技に関わる北朝鮮報道について見ていく。北朝鮮選手は開幕間近に参
加が決定したため、IOC の特別推薦枠として数種の競技に参加したが、なかで
も議論を呼んだのは女子アイスホッケーの南北合同チームの結成であった。南
北が合同チーム結成に合意した 2018 年 1 月には、既に韓国選手の登録手続き
は終了していたため、登録済の韓国選手 23 人に北朝鮮選手 12 人を加えた 35
人の登録を IOC が特例として認めた。しかし、ベンチ入りできる選手数 22 人
に変更はなく、そのうち 3 人を北朝鮮選手にすることになったため、韓国国内
においては「なぜ韓国選手が政府の犠牲にならなくてはいけないのか」という

非難の声があがった。

　これについては日本でも批判的に報道され、毎日新聞では、合同チームは「競技の公平性をゆがめ」、「南北の政治決着がスポーツを翻弄している」と批判し、また読売新聞は IOC にとって「北朝鮮の参加は、五輪の安全を担保し、参加各国の疑問を払拭する切り札」と皮肉を述べた（毎日新聞 2018.01.19）（読売新聞 2018.1.22）。そして朝日新聞も「韓国の大統領府が仕掛けたアイスホッケー女子の南北合同チーム受け入れは強引」であり「本来 IOC が忌み嫌う政治によるスポーツ介入そのもの」と断じた（朝日新聞 2018.2.10）。日本メディアでは、南北合同チームはスポーツの「平和貢献」ではなく「政治利用」と捉えられ、従来からの韓国スポーツに対するまなざしと重なりながら、平昌冬季五輪における南北のスポーツ交流は政治と結びつけて語られていった。

　そして閉会式で大会を振り返る際には、朝日新聞は「あちこちに政治が影を落とした」大会、また毎日新聞も「政治色の濃い大会」とし、さらに読売新聞でも「最後まで政治利用した異例の大会」と、平昌冬季五輪は「政治的な大会」と総括され、次の東京五輪開催に向けての「悪い見本」として位置づけられた（朝日新聞 2018.2.27）（毎日新聞 2018.2.26）（読売新聞 2018.2.26）。

　また韓国でも、大会前の世論調査では、回答者の 72.2% が「無理に南北単一チームを構成する必要はない」としており、保守系新聞は、特に文大統領の支持層である若い世代の反対が 82.2% と高いことを紹介した上で、文政権が「選手たちを南北政治の道具として犠牲」にしていると批判した（朝鮮日報 2018.1.9）（朝鮮日報 2018.1.15）（東亜日報 2018.1.17）。

　この合同チームを巡る韓国メディアでの議論については、イスンヨプらがニュース番組の討論内容を分析しているが、議論の焦点は、朝鮮半島の融和を優先した国家主義と選手個人の利益を尊重した個人主義の衝突、また朴政権下での不正入試事件に反発してきた 2030 世代の文政権に対する失望感であったと説明している [21]。つまり保守系メディアを中心とした韓国での批判は、日本のように「スポーツマンシップ」というスポーツにおける「公平性」の点からというよりも、韓国社会全体における「公平性」という文脈で語られており、文政権が「スポーツを歪めた」というよりも「国民の信頼を裏切った」という点で議論が展開されていた。

　これに対し進歩系新聞では、IOC のバッハ会長の「南北選手が共に走ること

だけで平和の意味は一層大きくなる。IOC は平昌オリンピック期間に行われる南北協力を'オリンピック精神の偉大な進展'と感じている」という発言を紹介し、合同チームの結成は「大会が盛り上がるのはもちろん、南北和解の雰囲気の醸成にも大きい役割」を果たしたとした（ハンギョレ 2018.1.15）。そして合同チームの最終戦では「政治と理念を離れて若者たちがスポーツを通じて一つになり汗を流す姿に感動する」と、スポーツとしての意義も付け加えた（ハンギョレ 2018.2.20）。

　このように進歩系新聞では、合同チームが IOC から「承認」されていることが強調され、オリンピックだからこそ実現できた「平和貢献」、そして政治や理念を超えた「スポーツの感動」として報じた。そして保守系新聞でも、大会が始まると報道が変化していき、特に日本戦では、「南北が一つになり戦った韓日戦」として、「合同チームによって作られた歴史的な最初のゴール」を報じた（東亜日報 2018.2.15）（朝鮮日報 2018.2.15）。キムヨンウンらの研究では、大会が始まると、保守系新聞では北朝鮮参加に対する否定的記事は減少して中立的な記事が増加しており、その内容も「葛藤フレーム」から「人間的興味フレーム」へと変化していったとの結果がでている[22]。その結果のとおり、大会閉幕後、中央日報では合同チームの問題を指摘しつつも「平和オリンピック」としての成果を謳い、また朝鮮日報でも、文大統領やバッハ会長の言葉を引用して合同チームの平和貢献を認め、平昌冬季五輪の「成功的開催」の要因の一つに合同チームが加えられた（中央日報 2018.2.26）（朝鮮日報 2018.2.26）。

2.　日韓選手の「友情」

　南北合同チームに対する評価は日韓メディアで分かれたが、日韓メディアともに肯定的に受けとめた「スポーツ交流」もあり、そのひとつは、女子スピードスケート 500M の小平奈緒選手と李相花選手の「日韓選手の友情」であった。日韓メディアでは、両国の政治的関係が膠着状態にあることと比較しながら、彼女たちの姿こそがオリンピック精神に基づいた「スポーツマンシップ」だと一様に称賛した。

　日本の毎日新聞では、試合後、「敗れて落胆する韓国の李相花選手を抱きかかえた小平奈緒選手には、ライバルを敬い、高めあうスポーツの原点を見た」と賛美し、さらに読売新聞は「日韓の爽やかな友情物語」と伝え、韓国の好意

的な報道についても紹介した（読売新聞 2018.2.20）（読売新聞 2018.2.23）（毎日新聞 2018.2.26）。そして朝日新聞は「スピードスケートの小平奈緒、李相花両選手がみせた国境を越えた友情は、多くの共感と感動を呼び、スポーツが持つ力を強く印象づけた。ぜひ東京に引き継ぎたい財産だ」と伝えた（朝日新聞 2018.2.27）。日本では、小平選手と李選手は良いライバル関係であり、2人のやりとりは日韓の「友情物語」として語られ、この日韓の2選手の姿こそが「スポーツマンシップ」であり、スポーツやオリンピックの「あるべき姿」とされた。

　そして韓国メディアでも2選手の友情は保守・進歩系とも肯定的に報じており、ハンギョレは、「世界の人々にオリンピック精神、スポーツマンシップを劇的に表わした。二人の素敵な競争と美しい友情に惜しまない賛辞を送る」とし、また中央日報も「韓国スポーツの歴史に忘れることはできない瞬間として残るだろう」「韓国・日本の政治的な膠着状態にもかかわらず、スポーツ精神で一つになった二人の英雄、竹馬の友」と小平選手と李選手を称賛した（ハンギョレ 2018.2.19）（中央日報 2018.2.19）。このように韓国でも、日韓選手の友情は「スポーツマンシップ」の点から讃えられ、そして2選手の姿を日韓の政治家も見習うべきだと、政治的関係と対比しながら語られた（中央日報 2018.2.19）（朝鮮日報 2018.2.23）。

　小平選手と李選手の交流は、日韓政府の関係と比較して語られるものの、スポーツ領域での日韓選手の交流であり、政治的領域とは切り離されているからこそ評価され、両選手の交流は日韓関係の問題解決や進展に直接つながるものではない。一方、南北合同チームの場合は、北朝鮮側においてスポーツと政治が一体化しているため、スポーツ交流と同時に政治的交渉も行われ、スポーツを通して南北の政治的関係が進展する可能性もある。そのため韓国の立場からは、いずれも「オリンピック精神」を背景としながらも、日韓選手の友情については「スポーツマンシップ」という点で評価でき、また南北合同チームについては「平和貢献」という点から評価することができる。しかし日本メディアの視点は「スポーツマンシップ」というスポーツ領域のみに限定されているため、小平・李選手は評価されるが、南北合同チームは「スポーツへの政治介入」として評価されない。

　拉致問題以降、日本メディアでは「南北スポーツ交流＝平和貢献」という解

釈は認められず、そのため韓国の「スポーツと政治」の関係、また北朝鮮の「策略」として批判を繰り返すこととなる。さらに、それら言説により自らを「オリンピック精神」を遵守する側へと位置づけることで、次に開催される東京夏季五輪に対する期待を高めていったともいえる。

おわりに

　今回は日韓の新聞記事における平昌冬季五輪の北朝鮮参加に対する言説について検討した。当初は日韓メディアともに平昌冬季五輪に対する関心は低かったが、直前に北朝鮮参加が決まったことで大会のニュースバリューは上昇していったといえる。そして日本メディアでは、韓国スポーツに対する従来のまなざしから報道が展開され、北朝鮮の参加や合同チームの結成は、南北の政治的思惑が優先されたものであり、「スポーツへの政治介入」として報じられた。その結果、平昌冬季五輪は「政治色の濃い」大会であったと総括され、次に開催される東京五輪の「悪い手本」として位置づけられた（毎日新聞 2018.2.26）。

　それに対し韓国では、進歩系新聞は、北朝鮮の参加は IOC から「承認」されていることを強調し「歴代どのオリンピックより強力な平和のメッセージをだしたオリンピックとして記憶されるだろう」と評価した（ハンギョレ 2018.2.25）。また当初、北朝鮮参加に批判的であった保守系新聞も、大会が始まると北朝鮮参加について中立的な立場をとり、大会後は「平和的」で「成功的開催」であったと意味づけた（東亜日報 2018.2.24）（朝鮮日報 2018.2.26）。

　以上のように、平昌冬季五輪の北朝鮮参加に対する日韓メディアの評価には違いがあったが、それら評価には、これまでの日韓の政治的関係や国内メディアの政治的立場から規範化されたまなざしが反映されており、「オリンピック精神」における「スポーツマンシップ」や「平和貢献」といった意義は、それらまなざしの「正当性」の担保として、日韓メディアそれぞれの立場から利用されたといえる。

　ここでまず問題として見えてくるのは、スポーツ報道において、例えば日韓のように政治的、または経済的問題が継続的に存在している状況において、それらの影響を排除して「公正」に報道することは困難だということである。スポーツは完全に独立した聖域ではなく、政治や経済領域と重なり合った文化活

動であり、スポーツ報道はそれをふまえてなされるべきである。

　またもう一つの問題は、日韓メディアのように立場が異なり、主張が相反する場合でも、同じ「オリンピック精神」のもとでそれぞれの正当性が主張できるという点である。つまりオリンピックの「意義」は立場によりいかようにも解釈可能ということであり、これは平昌冬季五輪に限らず、現在のオリンピックが抱える問題であるといえる。

【注】
1)　「金正恩の妹に韓国人熱狂　平昌五輪操る北朝鮮の思惑」『週刊朝日』2018年2月23日号
2)　阿部潔『スポーツの魅惑とメディアの誘惑』世界思想社、2008年、181頁
3)　内閣府「外交に関する世論調査」https://survey.gov-online.go.jp/index-gai.html、2021年6月1日取得
4)　オスヨン「メディアテキストを通じてみた南北代表単一チーム―政治とスポーツの回転舞台」『韓国体育科学会誌』」131(1) 2020年、124-144頁
5)　同上
6)　森津千尋「平昌冬季五輪招致をめぐる言説の変遷―日本の新聞記事の内容分析を通じて」『宮崎公立大学人文学部紀要』26(1)、2019年、179-192頁
7)　黄盛彬「2002W杯はどのように語られたか―試論「日韓比較」の再考：1996年共催決定から2002年開幕まで」『立命館大学人文科学研究所紀要』81号、2002年、25-54頁。後藤健生『ワールドカップは誰のものか―FIFAの戦略と政略』文芸春秋、2010年、71-72頁
8)　黄盛彬「W杯と日本の自画像、そして韓国という他者」『マス・コミュニケーション研究』62、2003年、23-39頁
9)　鄭晋錫「進歩と保守、その対立の挟間で―民主メディアに向けての戦いと統制の歩み」李相哲編著『日中韓の戦後メディア史』藤原書店、2012年、60-107頁
10)　キムハンジュ「平昌冬季オリンピック誘致関連ニュース報道分析」『韓国スポーツ社会学会誌』20(3)、2007年、465-487頁。ナムサンウ「平昌の祝福か災害か：平昌冬季オリンピック誘致過程報道の批判的言説分析」『韓国体育学会誌』46(5)、2007年、131-147頁
11)　キムヨンウン・ミンソルビ「2018平昌冬季オリンピック南北単一チームについての新聞報道のフレーム分析」『韓国体育学会誌』57(5)、2018年、241-256頁
12)　小沢剛「平昌五輪の光と影」『現代スポーツ評論』38、2018年、138-144頁。時田瞳「オリンピック競技大会におけるメディア表象に関する研究―2018年第23回オリンピック冬季競技大会(平昌)を事例として―」第29回日本スポーツ社会学第29回大会一般発表、2020年。森津千尋「平昌冬季五輪についての日本の新聞報道分析」『宮崎公立大学人文学部紀要』28(1)、2021年、171-180頁
13)　森津前掲論文(2021年)
14)　趙章恩「オリンピック競技大会とICT―2018年平昌オリンピック冬季競技大会のサイバーセキュリティ対策に関する考察」『情報通信学会誌』37(4)、2019年、99-108頁。松井理恵SHIN Eunjin「メガ・スポーツイベントと地域開発：平昌オリンピックの準備過程を事例として」『北海道大学大学院教育学研究院紀要』134、2019年、43-62頁
15)　例えば主要な研究として以下のものがあげられる。ソヘジン・キムミン・キムキウン「2018平昌冬季オリンピック"青い目の国家代表"についてのメディア報道における民主主義言説」

『韓国スポーツ社会学会誌』30（4）、2017 年、1-23 頁。ジョンヒョン・チャンイギョン「外国人選手特別帰化についての（脱）民主主義の言説分析—オリンピック参加外国人選手特別帰化に対するメディア報道を中心として」『韓国スポーツ社会学会誌』32（1）、2019 年、73-88 頁。パクソンベ・グォンテグン「オンラインメディアを通してみる平昌オリンピックレガシー分析」『韓国社会体育学会誌』82、2020 年、195-208 頁。キムチャングム・イジョンヨン「2018 平昌冬季オリンピック主要新聞記事分析」『スポーツサイエンス』36（1）、2018 年、39-47 頁

16) イウギョン・ホジョンクァン・ジョンチョルキュ「テキストマイニングを利用した平昌オリンピックに関する国内メディア記事の主要キーワード分析」『韓国体育科学会誌』28（2）、2019 年、1275-1286 頁

17) キムギョンシク「平昌冬季オリンピックに関するメディア報道の意味連結ネットワーク分析」『韓国融合科学会誌』8（3）、2019 年、99-113 頁

18) 及川正也「北朝鮮に「対話」の戸口開く米国　日本に潜む置き去りリスク」『週刊エコノミスト』第 96 巻 第 8 号、2018 年、76-77 頁

19) 金京煥「韓国・北朝鮮首脳会談に関するテレビ報道の内容分析」『マス・コミュニケーション研究』59、2001 年、138-150 頁

20) 李光鎬「ふたつの「北朝鮮」—日本と韓国の TV ニュースにおける北朝鮮報道の内容分析」『メディア・コミュニケーション』No56、2006 年、56-71 頁

21) イスンヨプ・チェジョンジン・イムヨンサム「平昌冬季オリンピック女子アイスホッケー南北単一チーム構成論議についての社会的言説」『韓国スポーツ社会学会誌』31（4）、2018 年、65-81 頁

22) キムヨンウン・ミンソルビ「2018 平昌冬季オリンピック南北単一チームについての新聞報道のフレーム分析」『韓国体育学会誌』57（5）、2018 年、241-256 頁

第5章

王貞治論
―台湾のメディアが生み出した国民的英雄―

劉 東洋

はじめに

　人口2300万人の島国である台湾において、オリンピックで国民にもっとも期待されている種目は野球である。野球は台湾人にとって栄光と誇りであり、共通の記憶でもある。石をボールに、竹をバットにして練習を積んだ紅葉少年野球チームの奇跡は、今でも多くの台湾人に記憶されている。野球は貧しかった時代から今日まで、常に台湾人とともにあった。19世紀の末、日本の植民地だった台湾に白球が持ち込まれて以来、百年余り、野球は台湾の人々を魅了してきた。

　特に、中華人民共和国が国連に加盟し、それに抗議する中華民国（台湾）が国連から脱退したことで国際社会における二つの中国の立場が逆転した1970年代、国民的英雄は外交危機に直面する台湾社会や苦境に陥る台湾人に自信やアイデンティティをもたらし、これ以上ない国威発揚として機能した。その中で、台湾のメディアが取り上げた「国民的英雄」の代表的な例が王貞治である。女優の翁倩玉（ジュディオング）と囲碁棋士の林海峰（リンカイホウ）とともに「台湾華人三宝」と呼ばれてきた王貞治は、確かに台湾の野球界にも大きく貢献してきた。

　だが、王は現在も中華民国の国籍を保持し続けているものの、台湾で生まれ育ったわけではない。にもかかわらず、多くの台湾人が王貞治を台湾の国民的英雄、または最大の在日有名台湾人として尊敬するのはなぜだろうか。台湾のメディアはいかに王貞治を国民的英雄として取り上げてきたのか。そして、い

かに台湾のメディアや当時の中華民国政府に政治道具として利用されたのか。「二つの中国」という歴史的背景を踏まえながら、台湾のメディアによって生み出された「国民的英雄　王貞治」を明らかにしたい。

第1節　王貞治の国籍問題

1.　戦後の国籍変更問題

　台湾のメディアは今でも「王貞治の国籍堅持」や「永遠の台湾人　王貞治」といった取り上げ方をする。では、王貞治は中華民国の国籍とパスポートをいつ、どのようにして取得したのだろうか？

　戦後日本における「外国人問題」とは、朝鮮人問題と中国人問題であった。第二次世界大戦で日本が降伏した1945年時点での在日外国人は約190万人。そのうち朝鮮人が156万1358人、中国人が9万419人であった。つまり、在日外国人のほとんどが朝鮮人と中国人であった。また、中国人のうち、大陸出身者が5万6051人、台湾出身者は3万4368人である[1]。

　日本の降伏によって台湾は中華民国に戻ることとなり、台湾に住む台湾人は自動的に中華民国の国籍に戻った。しかし、日本「臣民」として日本に定住していた台湾出身者の国籍はその限りではなかった。1952年の「日本国と中華民国との間の平和条約」でも、1952年に発効されたサンフランシスコ講和条約でも明確に触れられていない。そのため、在日台湾人国籍問題については主に二つの立場が存在している。

　一つは「台湾人の国籍は、連合国との平和条約により、原状回復的に、中華民国の国籍に変更させられたものと断ぜざるを得ない。領有権が移転する以上、その土地に密接に関連するその住民の国籍が一括して移転することは、従来の国際法上の慣行に合し、現行国際法もこれを承認するものと考えられる」[2]というものだ。日本の降伏とともに植民地支配が終わったため、1895年の下関条約によって中国国籍を失った台湾省出身者は自動的に中国国籍を回復したと考えられている。

　もう一つは、「国籍は領土と別で人の資格の問題で区別すべきである。日華平和条約第十条に、中華民国の国民の範囲を規定しているから、この条約により、台湾人は日本国籍を喪失したものと理解すべきであろう」[3]という立場で

ある。これは、日華平和条約に朝鮮人と台湾人が日本国籍を喪失した外国人に
なるという規定があること、また、講和条約発効の 10 日前に法務局（現在の
法務省）民事局長から日本国籍喪失の宣言がなされていることを重視する。そ
のため少なくとも、日華平和条約が発効する 1952 年 4 月 28 日、もしくは法務
局民事局長が宣言を出した 4 月 19 日までは暫定的に日本国籍を保持していた、
という考え方である。

　事実、日本政府は 1952 年 4 月 28 日のサンフランシスコ講和条約発効までに、
在日台湾人を中国人として認めず、とくに刑事、民事裁判権に関しては日本人
と同じ扱いをしていた。このことから、在日台湾人が中国国籍を回復したのは、
サンフランシスコ講和条約発効の日からだという解釈のほうが実態に則してい
るのではないかと思われる。なお、日本に割譲されたことで日本人となった台
湾の台湾人や在日台湾人とは異なり、中国本土出身の在日中国人は国籍を変え
ておらず、第二次世界大戦以後も台湾人が直面する国籍変更問題が生じなかっ
た。

2.　生まれた時点で中国国籍の王貞治が日本国籍を取得できた理由とは？

　王貞治の父である王仕福は中国の浙江省青田県四都で生まれ、1922 年に初
めて日本へ渡ってきた。1926 年に登美と知り合い、やがて二人は結婚する。
結婚してまもなく、1929 年に『五十番』というラーメン屋を購入し経営を始
めた。その後、長男の鉄城（1930 年）、長女の幸江（1932 年）、次女の順子（1936
年）が生まれている。王貞治は、4 人目の子として 1940 年 5 月 10 日に生まれた。

　日本では、1985 年に国籍法が改正され、父系主義から父母両系主義になっ
た。これにより、出生の時に父または母が日本国民であれば、子は日本国民と
なることとなり（『日本国籍法第二条』）、華僑の日本人との国際結婚による出
生児は日本国籍を取得することができるようになった。

　1985 年の国籍法改正以前は父系主義が採用されており、子供は出生の時に
父が日本国民でなければ日本国籍を取得することができなかった。つまり、父
親が中国出身である王貞治は出生時に中国国籍しか取得できなかった。だが、
興味深いことに王貞治は出生時に日本国籍を持っている。

　おそらくこれは法律、結婚届に抜け道があったからだと考えられる。夫中国
人・妻日本人の子は「父が知れない場合」または「父が国籍を有しない場合」

は日本国籍の取得が可能だったのだ。「父が知れない場合」とは父母が結婚届を出してないため法律上の父子関係がない状態で生まれた子どものことである。「父が国籍を有しない場合」とは無国籍という意味で、このような実例は「父が知れない場合」よりもっと少ない[4]。

　妻が日本人の場合は、子供に日本国籍を取得させるため、中国人と結婚しても結婚届を出さず、生まれた子は父親のない子供として届けを出し、日本国籍を取ってから父が認知するというケースがある。王貞治が日本国籍を持っていたのはおそらくこのケースで、父の王仕福と母の登美が結婚したとき結婚届を出していなかったからではないかと推測される。なお、男の子が生まれると父親は中国籍に入れたがるため、同じ姉弟でも姉は日本人で弟は中国人という国籍が違う例が少なくなかった[5]。

3.　中国国籍に変更した理由

　王貞治が日本国籍を離脱し、中国国籍を取得したのは 1946 年のことだった。そのとき、母である登美と三人の兄弟も国籍を変えている（正確には中華民国国籍。当時、中国を代表するのは中華民国だった）。では、なぜ 1946 年に中国国籍に変えたのだろうか。

①戦前中国国籍への差別、偏見の緩和

　まず、戦前に存在していた中国国籍ゆえの困難が、中国の勝利とともに減少したことが大きいと考えられる。日本で国際結婚が法的に許されるのは 1873年の第 103 号布告によってである。その後 1899 年、国籍法が公布され、第 18条の「日本の女が外国人と結婚する場合は日本の国籍を失う」という規定によって、「もし男性華僑と日本人女性との結婚が成立すれば、その日本人女性は日本国籍を放棄し、中国国籍を持つ」ことになった。その後 1950 年の日本国籍改正法では外国人との結婚は日本国籍喪失の原因としないこととなり、華僑男性と結婚した日本人女性は日本国籍を保持することができるようになった。

　第二次世界大戦前、とりわけ中国と日本との関係が悪化した戦時中、中国人の妻になった日本人女性は日本社会から差別を受け、厳しい生活を強いられていた[6]。そのため、登美は王仕福との結婚について「絶対に中国人なんかと結

婚してはいけない」と周囲の人々に反対されたであろうことが容易に想像できる。実際、中国人妻になったことの苦難を登美は自著『ありがとうの歳月を生きて』で次のように語っている。

　　当時は外国人特に中国人と結婚すること自体、天地がひっくり返るようなことだったのです。〔‥‥〕親兄弟、親戚からの勘当はもとより村八分まで覚悟しなければならない、そんな時代だったんです。[7]

　王貞治も自著『回想』で「このころの日本では、中国人にやれる仕事というのは限られていたから、父の苦労は並大抵のものではなかったらしい。こういう父と結婚した母を、私は勇気のある人だとつくづく思う」[8]と述べている。こうした背景を踏まえれば、中国国籍しか取れないはずの母・登美や王貞治が日本国籍のままだったのは、中国国籍ゆえの困難を避けるためであったと考えることができる。

②在日華僑の中国人アイデンティティ

　もうひとつの原因があるとすれば、在日中国人のアイデンティティと国籍に対するこだわりだろう。父・王仕福のような華僑一世は、在日外国人として日本で生活しているうちに、日本の社会文化との接触によって「中国人」としての意識を抱くようになり、在日中国人という集団意識が形成された。彼らは戦時中に中国人としての苦しみや偏見を経験することで、「中国人」というナショナル・アイデンティティをより強く自覚していく。だからこそ、彼らは戦後、中国国籍に対するこだわりを見せた。在日華僑は他国の華僑と比べて中国という国籍にこだわることが大きな特徴であり、王仕福はその傾向が強い年配の華僑（いわゆる華僑一世）であった[9]。祖国の運命に対して強い関心を持ち、自分だけではなく子供に対しても同じことを求めた。王貞治が今まで中華民国国籍を持ち続け、日本国籍に帰化しなかったのも父である王仕福からの影響が大きい。

　　現在私は帰化しようと思っていない。もし私が日本に帰化するといえば、反対するものは一人もいないだろう。いや、父は寂しく思うかもしれない。だから、私

は帰化しないのだ、といえるのかもしれない〔‥‥〕私の周囲では、帰化したものはたくさんいるが、しかし、私は当分このままで行くつもりである。〔‥‥〕父を悲しませてまで日本に帰化しようとは思わないのである。[10]

　戦争が終わると、戦前に存在していた中国国籍の不便さや不平待遇がなくなり、父・王仕福は家族全員に中国国籍に入ってほしいという思いが強くなったのではないだろうか。あくまで推論ではあるが、王貞治が中国人としての強い意識を持つ父の希望で中国国籍に変えた可能性は十分ある。

4.　中華民国パスポートの申請

　王貞治は 1961 年に巨人のアメリカキャンプに参加するため、駐日中華民国大使館から中華民国のパスポートを取得した。それ以来、中華民国のパスポートを持ち続けている。当時、中華人民共和国はまだ国際社会に認められておらず、中華民国が中国を代表する唯一の合法政府であり、アメリカと国交関係をもつ中国の代表であった。つまり、王貞治が中華人民共和国ではなく中華民国のパスポートを取得した背景には、“中国籍の人がアメリカに入国するためには中華民国のパスポートを取得するしかない” という大きな政治的背景があった。

　しかし、なぜそれまでパスポートを申請しなかったのだろうか。1946 年に中華民国軍事代表団が来日し、中華民国駐日代表団僑務処弁理慮旅日僑民登記弁法を公布。同年 12 月 31 日までに登記した人には「僑民登録証」を発行し、それが中国人としての身分証明になるとしている。

　1959 年の日本法務省の統計によると、在日華僑の総数は 4 万 4599 人のうち、大陸出身者は 2 万 3606 人（全体の 53％）で、台湾出身者は 2 万 933 人（全体の 47％）である。しかし、当時国民政府のパスポートを所有している華僑はわずか 8288 人で、18.6％にとどまり、国民党政府のパスポート申請を拒否し、パスポートなしの華僑が 81％にも達していた[11]。在日華僑の政治的態度について調査した杜駒は、このことについて、「国民党支持者というレッテルを貼られるのを避けるため」だと指摘している[12]。

　つまり、王貞治の家族を含め、多くの在日華僑はパスポートを所持せずとも生きていけたのである。言い換えれば、王貞治にとっても中華民国パスポート

の申請は、アメリカでのキャンプに参加するという必要に駆られての手続きに過ぎないものだった。

　しかし、二つの中国が激しく争っていた時期であったがゆえに、中華民国のパスポートを取得したことは政治的な選択と解釈されていく。また、王貞治が中華民国のパスポートを取得した1961年、中（中華民国）米関係にも大きな変化が起きていた。外交危機と台湾内部危機に苦しんでいた中華民国政府や当時の中華民国メディアにとって、王が中華民国のパスポートを選択したことは政治的に利用可能な絶好の材料であり、救世主のような存在でもあった。

第2節　国民的英雄イメージ形成の背景

1.　中華民国の外交危機

　1960年代、中華民国は国際政治の険しい情勢に直面する。1961年にケネディ大統領が中国と台湾の海峡問題に対して、「一中一台」政策を打ち出した。これは、アメリカ政府が従来の中国政策を大きく転換し、台湾（中華民国）を中国を代表する正統な政権とは考えないことを示唆していた。

　1965年ジョンソン大統領は「一中一台」政策を受け継ぎ、二つの中国を基本方針として台湾問題を解決しようと図ったが、この変化は、アメリカに頼り続けた国民党政府に大きな打撃を与えた。1965年6月にアメリカは中華民国政府への経済援助を停止し、そのころから国連加盟諸国のなかから国民政府追放の声が高まった。ついに1971年には「中華民国追放、中華人民共和国招請」というアルバニア案が可決される。

　その年、ニクソン大統領が北京を訪問し「中国は一つであり、台湾は中国の一部であると理解する」との声明を発表した。アメリカが毛沢東の中国を承認したことは、中華民国の孤立を加速させる。日本も1972年に田中角栄首相が中国を訪問し、同じ年の9月29日、日本国政府と中華人民共和国政府の共同声明が発表された。声明は、日本は中華人民共和国が中国の唯一の合法政府であることを承認し、台湾が中華人民共和国の領土の不可分の一部であるという中華人民共和国の立場を尊重することを確認するもので、両国の国交が樹立された。日中国交正常化と同時に、中華民国と日本は断交状態となった。

2. 中華文化復興運動と反共教育

　国際政治での孤立により、蒋介石政権は政権存続の正統性を国内に求めざるを得なくなり、「中華文化復興運動」などが展開された。これは、中国大陸の文化大革命に対する対抗運動として1966年に台湾で行われていた文化政策のことである。国民党政権（蒋介石政権）は文化大革命を共産党政府による中国伝統文化の破壊行為と宣伝し、「中華文化復興運動」を推し進めることで台湾における中華文化の正統性を内外に示しそうとした。しかし、国民の自信回復や中国正統政権を取り戻すことはできなかった。

　こうした政治状況ゆえに、この時期、王貞治の存在は「国民的英雄」として重要な意味をもった。国家が困難に直面し、国民が不安を感じるとき、政府や国民は戦争がもたらす勝利を熱望する。それが期待できなければ、スポーツ競技の勝敗に非常に敏感となる。その時代に盛んなスポーツが国際舞台で活躍することが、誇張をともないつつ大いに宣伝され、多くの人々に注目される。

　すべての国家あるいは政権は、自分の存在価値あるいは正当性を証明するためにいろいろな方法を通して、自国の特別に優れた点を探し出す。そうした美点には、はるかに遠い歴史、強盛な軍事力、豊かな物質、優美な環境、抜群のスポーツ業績などが含まれる。特に統治に説得力がなく、政権の基盤が揺るがされるタイミングに、スポーツの業績は人びとの自信の根源になり、統治者の最も輝かしい政治的業績にもなる[13]。

第3節　台湾メディアが描く王貞治

1. スポーツヒーローとは

　スポーツヒーローの定義として、橋本純一はG・スミスの議論を次のように整理している。「スポーツヒーローは際立った身体能力を持ち、その卓越性を毎年維持し、逆境を乗り越え、独特の才能やカリスマ性を示す。そしてさらにスポーツヒーローはスポーツ競技のモデルであり、そのずば抜けていて巧みな競技パフォーマンス、勇気、専門性、高潔さ、不撓不屈の精神、寛大さ、社会的理想、信頼性、誠実さ、そしてその人格などが賞賛される社会的価値のモデルである」[14]。

　われわれが知っているスポーツヒーローの人物像は、さまざまなメディアを

通して伝えられるものであり、現代のスポーツヒーローはメディアによって生み出されるといえる。「現代において、もし誰かが英雄的行為をなしとげると、新聞・ラジオ・テレビなどのあらゆる公共情報機関が、ただちに彼を有名人に変えてしまう。マスコミが彼を有名人に変えてしまうのに成功しない場合には、英雄たるべき人間は、人々の見える所から姿を消してしまう」[15] ことは、ブーアスティンも指摘している。

　さらに、スポーツヒーローはモダンスポーツヒーローとポストモダンスポーツヒーローの 2 つに分類される。モダンスポーツヒーローとは、「近代（モダン）の価値やイデオロギーを体現し、大衆に大きな影響を与えたと考えられるスター選手」である。一方、「努力」、「根性」、「禁欲」、「ひたすら」といった人々の模範的モデルとして存在したモダンスポーツヒーローと異なり、ポストモダンスポーツヒーローは「商品化されたヒーロー」であり、莫大な報酬、華麗、個性的、名声、贅沢といった価値やイデオロギーを表現するというように、モダンスポーツヒーローと対照的な存在である。例えば、デニス・ロッドマン、マイケル・ジョーダン、中田英寿、アンドレ・アガシなどである [16]。

　そして、王貞治もモダンスポーツヒーローの代表的な例だろう。「台湾の国民的英雄」や「在日最大の台湾人有名人」というイメージとして台湾社会に定着した王は、中華民国政府にとって、外部の共産党に対抗する「自分側の英雄」という存在だけではなく、台湾内部において大衆を教化するモデルでもあり、台湾社会に縁をもつ最大のスポーツヒーローである。

2.　「中国」の国民的英雄の誕生─最初の台湾訪問

　王貞治が初めて台湾を訪問したのは 1965 年 12 月 5 日である。王自身がこのときのことを「日本でも経験したことのない熱烈な歓迎ぶり」と語ったように、中華民国のメディアが連日大きく取り上げ、完全に「われわれ」の英雄として扱った。

　7 年前の 1958 年に巨人入りを表明した時にも、台湾の新聞は「最佳中学棒球員」「日本体育界注目的焦点」「旅日華僑青年王貞治」という見出しで巨人に入団することを報道した。このことを踏まえ、鈴木洋史は「王はここでは中華民国の英雄にされている」と述べているが、王はまだ日本プロ野球界のスター選手と言えなかったし、当時の中華民国も国民的英雄の存在を必要としていな

かった。入団後、成績の振るわなかった王のキャリアが大きく変化するのは、1962年に荒川博打撃コーチの指導を受け、「一本足打法」に変えたことによる。このシーズン、打率二割七分にとどまったものの、初の本塁打王と打点王のタイトルを獲得した。翌年（1963年）から台湾を訪問した1965年にかけての三年間は、三年連続40本塁打、3割、100打点の記録を作り、日本球界を代表する打者に成長した。こうした経緯を踏まえると、巨人入りを表明したタイミングではなく、1965年に初めて台湾を訪問したタイミングで中華民国（台湾）メディアに取り上げられたことで、国民的英雄というイメージが台湾で定着していったと考えられる。

　この訪問の背景には中華民国系の在日華僑の大きな働きかけがあった。1964年、王がシーズン55本塁打の日本新記録を作って三年連続で本塁打王を獲得し、日本球界を代表する打者に成長すると、台湾出身の華僑後援会副会長劉天禄と、専務理事の陶萃権が中心になって王を中華民国に公式訪問させようと、中華民国政府と国民党に働きかけた。二人は自分たちのコネクションを生かして、華僑対策を担当する中華民国行政院の華僑事務委員会や国民党の海外工作組に王の台湾訪問を働きかけ、蒋介石との会見も提案した[17]。

　王は、台湾に滞在した一週間（1965年12月4日から1965年12月11日）の間に、華僑事務委員会、中華民国外交部（外務省）、中国国民党中央党部、行政院新聞局（広報局）、台湾省議会、華僑聯合総会、中華民国青年反共救国団といった政府機構を訪問した。スケジュールのほとんどを政府関係者との会合に占められていたのだ。野球に関連するスケジュールは台北市市立野球場（5日）と台中水源地野球場（現在の台中省立野球場）（9日）で一本足打法を披露するショーくらいであった。国民党政府や在日華僑組織の関係者が、王の台湾訪問を「体育外交の旅」ではなく、「政治外交の旅」と位置づけていたことは明らかである。

　メディアもこの訪問を政治的意味のある国民外交に位置付けていた。このことは聯合報の社説「国民外交工作を強化する重要な啓示」からもうかがうことができる。

　　王貞治が祖国滞在期間中のニュースは日本においてももっとも注目されているニュースになっている。これによって、王貞治というアイドルは自由中国および

日本全国の青年たちの心に強い印象を残した。これは全て国民外交がどれほど重要なのかを示した。これから我々はこのような実在する事例を鏡として、今後国際社会で国民外交を推進するべきである。〔‥‥〕我が国の国際社会における地位は依然として極めて苦しく、外交危機まだ厳しい状態だ。そのため、正式な使節外交以外に、国民外交の推進を遅らせることは絶対許されない。[18]

　台湾の新聞は台湾訪問の前から、王貞治の出身、日本野球界における地位や年俸、日本プロ野球発展の現状などについて紹介していた。それら、王に関する記事はスポーツ面以上に、政治面、あるいは趣味・生活面に多く登場している。例えば、1964 年 4 月 25 日の『聯合報』の政治面に「日本を風靡する野球選手　王貞治」という見出しの記事が掲載され、その記事は女優の淡島千景の「王貞治選手は日本の中国人選手だけではなく、世界の中国人選手になれますよう願っています」というコメントを引用している。また、「王貞治がよく人に対応している感じを受けます。彼のしゃべり方と態度はいつも節度を守っています。〔‥‥〕大分前から王仕福さんは強い中国人意識と愛国心を持っている人であり、中国人が尊重されない環境においても中国人としての尊厳と自信を失わない人だという話を聞きました」[19] など、王貞治と父・仕福の父子関係に基づく中国人意識と愛国心にも言及していた。

　王貞治について、出身地が「中国」浙江省であると説明する一方で、中国国籍の人間であり、中華民国のパスポートを持つことも強調していた。もちろん、当時の「中国」が意味するものは 1980 年代後半以後の「中国」とは大きく異なっている。中国の正統性をめぐって激しく争っていた 1960、70 年代、台湾のメディアは中華人民共和国について「中共」（中国共産党の略称）と、軽蔑を意味する「共匪」という言葉を使っていた。それに対して、「中国」とは中華民国のことであった。こうした使い分けは、蔣介石があくまでも国民党政権を唯一の正統政権と主張しており、いつか共産党が消滅し、「反攻大陸・光復祖国」という使命を達成できると国民に宣伝しようとしたためである。当時の台湾メディアは王貞治を「日本最強プロ野球チームである巨人にいる唯一の中国人選手」、「現在日本球界での最強打者—中国国籍の王貞治」と呼んでいたが、そこでの「中国」は中華民国を意味していた。

　ちなみに、1988 年に就任した李登輝総統は中国に対する政策を大きく転換

した。李登輝は「中華民国は 1912 年以来、一つの独立国家であり独立を宣言する必要はない」や「中華民国と中華人民共和国は同時に存在している対等な政治実体である」といったように台湾独立宣言と思われる主張を展開し、ついに 1999 年にドイツの放送局とのインタビューのなかで、「両国論」といわれる「中国との関係は特殊な国と国の関係である」と発言した。その後就任した陳水扁もまた李登輝時代の中国政策を受け継いで、「両国論」を支持している。それは二人とも台湾本省人出身で、中国人意識を排除しようとするとともに、台湾人意識（台湾本土意識）や台湾人アイデンティティの意識を高めようとしたものと考えられる。台湾語の普及も急速に進み、ニュース、ドラマ、コマーシャルなどで用いることが主流になった。

3. 反共英雄と王貞治

　中華人民共和国と激しく争っていた国民党政権にとって「反攻大陸・光復祖国」や「消滅共産党」の神話を作ることは急務であったが、そこで王貞治に大きな役割を担わせていく。国民党政権とメディアは「反共のイメージ」を王貞治に結びつけていった。

　1965 年 3 月 29 日、中華民国華僑救国聯合総会は 4 人の海外の優秀青年を選出し、栄誉賞を与えた。その中に王貞治もいた。当時の新聞が「彼は日本で一番有名な巨人にいる唯一の華僑選手であり、1964 年のプロ野球シーズンで 55 本のホームラン記録を作り、日本野球界や野球ファンに日本野球王と称されています」と受賞理由をあげながら、「彼は祖国文化の宣揚と共匪の陰謀を打撃することに大いに貢献する」と反共における功績をあげ、王を「我々と一緒に共産党と闘っている反共英雄」として取り上げた[20]。続いて、1965 年 12 月 4 日、王が初めて台湾を訪れた当日に、新聞は台湾滞在中のスケジュールを紹介し、その中でも中国青年反共救国団の主任である蔣経国から「反共青年表彰」を受賞する式に出席することを、とりわけ大きく報じた。

　この反共青年授賞式が行われた翌日、八人の反共青年が中国大陸から亡命してくるという事件が起きている。新聞は「自由青年は人間の地獄から逃げ出した」「自由祖国に帰ってきた」「大陸青年は自由に飢えている」などの見出しで八人の「英雄的行為」を描き、同じ紙面で同日に王が台湾省政府を訪問したことを伝え、「王貞治は昨日中国青年反共救国団と華僑聯合総会が開いた宴会に

出席した」と報道した。

　そこには王貞治を亡命してきた大陸の人と結びつけ、中国共産党に対抗する「反共英雄」のイメージと接合させようとする意図が明らかに存在する。それと同時に、同じ年にジョンソン大統領が提唱した「一中一台」政策（中華人民共和国の存在を認める）により、国際社会で中華人民共和国の攻勢に対する中華民国の焦りも表現されていた。

　さらに、翌 1966 年 12 月 3 日王貞治は恭子夫人との新婚旅行で台湾を訪れているが、その前の月からメディアは「王貞治が来月結婚、花嫁と共に台湾に」などと、滞在期間中のスケジュールを詳しく報道し、「野球王父子は祖国を熱愛し、共匪の陰謀を強い決意で拒否した」などと、王貞治が中華人民共和国側からの誘いを断ったことも取り上げた。

　メディアは 10 月 10 日に台湾で中華民国の国慶節慶典に参加した父・王仕福の「帰国感想文」を掲載し、王貞治と父・王仕福を中国共産党政権との綱引きで得た戦利品のように描いた。

　　共匪は王仕福さんが帰国した後、彼と積極的に接触し、王貞治夫婦を匪区へ観光
　　に行かせるように依頼しました。しかし、王仕福さんは共匪からの招待を拒否し、
　　どうしても王貞治にハワイに行く前に一度帰国してほしい [21]

　　共産党は恥もなく王貞治を中国に招こうとしたが、王貞治はきっぱりそれを拒否
　　した。王貞治は熱烈に自由祖国を愛する好青年である [22]

　メディアは明らかに話を捏造し、王貞治を中国共産党に対抗する反共英雄に仕上げていった。また、王に加え、父・王仕福の出身地についても浙江省青田県が中国大陸にあることではなく、自由祖国の中華民国にあるというイメージを作っていた。

　現在でも台湾のメディアには王貞治の「国籍堅持」と「祖国に対する愛」を取り上げる傾向があるが、それらは 1960 年代にメディアによって創られたイメージが小さくない。例えば、1957 年に王貞治が中国国籍ゆえに静岡国体に出られなかった事件に対する報道がある。1957 年の秋、早稲田実業の野球部が東京代表として国体に参加することが決まっていた。ところが、国体開催準

備要綱の参加資格の項には「日本国籍を有する者」と規定があり、王だけが出場できなかった。その事件について王貞治は自著『回想』で次のように語っている。

今までの四十年の人生で、私が一番傷ついたのは、この時だ。私はこの時まで、ずっと日本人のつもりでいた。いや、誰も私を中国人だと思っていなかった。だから私はそれまでも、何の違和感も苦痛も感じずにやってこられたのだ。それだけに、この時私は中国人ということを初めて意識した。父もがっくりしたと思う。長い間、日本で異国人として苦労してきた父親は、自分の息子が日本のアマチュアスポーツのお祭りに出られると知って、これでやっと日本人の仲間入りができた、と初めは大喜びだったのだから。しかし、こういう父の喜びもヌカ喜びに終わった。そのときの父のションボリした姿を、今でも私は忘れていない[23]

　実力ではなく、国籍の問題が原因で国体に出られないことは、王貞治にとってどれほどのショックあるかは想像にかたくない。自著でもそのショックを記述していた。だが、台湾メディアは中国人としての誇りと自分の意思で、国体への参加を放棄したと解釈していた。

早稲田実業高校は国体に出る前に彼が中国人だと知り、大会の規定により出場することができないと彼に伝えたところ、彼は何の文句も言わずに参加権を放棄したと彼自身が私に言った。多くの日本人は王貞治のために怒ったが、王貞治本人は黙って一語も出さず、明らかに父親と同じような中国人として持つべき忍耐力とプライドを意識している[24]

4.　国民的英雄─王貞治／民族の英雄─蒋介石

　蒋介石は独裁政治を成し遂げるために、教育システムとマスコミを利用して国家指導者としての魅力を誇張することで、「民族を救う神様、時代のかじ取り、世界の偉人」のような英雄のイメージを作りあげる個人崇拝運動を行った。教科書には三民主義教育（民族、民主、民権の三主義から成り立つ救国思想）と彼の功績や人徳を過度に称賛した題材が溢れていた。台湾全土が蒋介石の大きな肖像画あるいは銅像で埋め尽くされていく。今や台湾の観光スポットと

なっている中正記念堂は彼の神格化と個人崇拝運動の象徴的産物とも言える。

　さらに、「人格者―蔣介石」「蔣大統領陛下万歳」のような封建的なスローガンも大きく宣伝された。代表的な例は、「蔣介石総統の以徳報怨」(怨みに報ゆるに徳を以てする)の言説である。それは戦後、連合国側の有力な一員となった蔣介石が「中華民国が日本国の占領政策に割り当てられた四国、九州進駐の権利をいま私がここに放棄する」と主張し、また終戦当時、中国大陸に残っていた二百万人を越える日本軍将兵と邦人を早期送還させ、対日賠償請求権を放棄した、などという寛大な対日政策によるプロパガンダ言説である[25]。これによって日本政界の蔣介石に対するシンパシーが戦後の日華関係を支えたが、これは明らかに歴史の真相を隠蔽した「蔣介石神話」である。

　1960 年代から中華人民共和国からの攻勢を受けて追い込まれた国民政府にとって、「蔣介石神話」は一層強力にしなければならなくなっており、その神話の正当性を強化するためには、日本で大活躍し、英雄として国民の間で認知された王貞治が重要だった。そのため、王の訪台を迎えるにあたり、聯合報は「王貞治四日帰国・総統に敬意を表しに」[26]、中央日報も「野球王王貞治昨日帰国・わざわざ蔣総統に敬意を表しに」[27] といった見出しで蔣介石の権威、王と蔣介石の関係性を強調した。さらに訪台時の記事では、「偉大なる蔣介石総統にお会いできることが確かに今回祖国を訪問する中で一番うれしいことである」[28]「父親は蔣総統と同じ浙江省出身で小さい頃からよく同郷蔣介石の偉大な功績を教えてくれた」[29] などという王のコメントを紹介している。こうした報道の様子から、"王貞治と蔣介石の友好な関係" をメディアや政府が造ろうとしていたのは明らかである。

5.　王貞治の祖国―日本？　中国？　それとも台湾？

　1990 年、日本の総選挙で「誰に投票したのか」と記者に聞かれた王は、「僕には選挙権がないんだよ」と返事をした。その後、まわりの重苦しい空気を察し、謝罪した当記者に対して、王は「なんてことないよ、気にするな」と言ったという。このエピソードを王は自著の中で以下のように回顧する。

　　私がそれを気にしなかったと言えば嘘になるが、野球一筋に生きてきた私には、もはやそれは私がとやかくという次元のものでではなくなっていた。その記者

も、私の国籍は中国だから、私には選挙権も被選挙権もない、ということくらいは知っていたはずだ。しかし、いつも一緒に行動しているうちに、いつの間にかそんなことは忘れてしまっていたのだろう。〔……〕私が中国人だということは、記者にかぎらず、野球に興味を持っているものなら誰でも知っている事実なのだから。[30]

こうしたエピソードが存在するとはいえ、日本のメディアは王のことを外国人扱いすることはなかった。例えば、千葉ロッテの監督だったバレンタインが2005年に正力松太郎賞を獲得した時、「初の外国人受賞　バレンタイン」というニュースが報じられた。しかし、バレンタインの前に中華民国国籍の王貞治が三回（1977年、1999年、2003年）も受賞している。にもかかわらず、バレンタインが「初の外国人受賞」とされたのは、王貞治が日本人として位置付けられているためだろう

一方、王貞治本人のアイデンティティはどうなのだろうか。言葉から生活まで完全に日本の社会文化に馴染んでいる王のような中高年の在日中国人にとって、「祖国―中国」という概念はあまりにも希薄なのではないか。中国が自分のルーツであることに変わりはないが、長年にわたって日本で活躍するにつれて、むしろ日本のほうが自分の故郷や祖国に位置づく可能性がある。

在日中国人二世のアイデンティティはダブル・アイデンティティという特性をもつ。彼らは進学、就職、結婚など人生の節目にしばしば国籍という壁にぶつかり、自分の国籍を意識させられることを経験する。その経験によって、彼らのダブル・アイデンティティは中国人意識がより強くなるか、または日本人になろうとするか、双方に揺れ動き、分裂させられたり、再確認させられたりする[31]。

王も中国国籍をもつため、国体大会に出場できず、プロ野球に入った初期、対戦チームのファンから「王、王、三振王」や「チャンコロ、チャンコロ」のような野次を浴びたという。国籍ゆえの差別も経験している。にもかかわらず、王の場合は、中国人意識がより強くなるというより、日本人としての意識が高まっていったと考えられる。日本国民や日本球界が世界に誇りを持つことのできる「世界のホームラン王」という地位を獲得していくにつれ、王は日本人として認識されるようになったのではないだろうか。

　2006年の第一回ワールド・ベースボール・クラシック（WBC）で監督とし
て日本代表を優勝に導いた王貞治は、名実ともに「世界の王」になった。この
大会の直前に開かれた記者会見では、海外のマスコミから「あなたは日本人で
すか？」と質問されている。その時、「父は中国人ですが、母は日本人です。
私は生まれたときから日本で育ち、日本の教育を受け、日本のプロ野球人とし
て人生を送った。野球をやっているときは、疑うことなく日本人です」と答え
ている。

　王が自著の中で「父の祖国である中国と、母の祖国である日本、そして、私
が父と母の血を半分ずつ受けて生まれた日本。どちらも私にとっては祖国であ
る。その証拠に、中国という言葉、日本という言葉、そして、祖国という言葉
を聞いただけで、私の瞳はうるみ、胸の底から熱いものがこみ上げてくる。祖
国、という言葉は美しい言葉だ。中国という言葉、日本という言葉と同じよう
に」32)と語ったように、二つの「祖国」が存在している。そのため、「私が中
国人だということは、記者にかぎらず、野球に興味を持っているものなら誰で
も知っている事実なのだから」33)「僕は中国国籍の人間。だから、国民栄誉賞
については、僕個人がもらったものではなく、日本の野球界全体がもらったも
のだと理解しています」34)など、自らのことを「中国人」とも語ることもあっ
た。しかし、ここで言う「中国国籍の人間」は中国人アイデンティティを基盤
にしたものではない。確かに王は、書類上は中華民国の国民であり、自分の一
方のルーツは中国大陸にある。しかし、彼は「中国」では生まれておらず、「中
国」に対して華僑一世の後援会幹部と同じような「祖国」という感情を抱き得
ない。「祖国」と聞かれれば当時も今も「中国」と答えざるを得ないが、感覚
的には「祖国は日本」なのだ35)。つまり、政治的、法律的アイデンティティ
は「中華民国」であっても、文化的アイデンティティは「日本人」であるとい
えるだろう。

　「文化的アイデンティティ（cutural identity）」と集合的アイデンティティは
ほぼ同義語として用いられている。集合的アイデンティティとは、現在の集団
が、共通の過去、記憶、記念、解釈と再解釈を通して自己を認識する集合的な
記憶に関係している36)。ここでいう「集合的な記憶」とは、具体的には言語
であり、またさまざまな社会的慣習であり、さらに、それらがより構造化され
たものとして社会制度であったりする。つまり「文化」という語で表現してい

るものと理解してよいだろう[37]。王貞治のような中高年の華僑は、一世の華僑と異なり、中国人であることの基盤を守る一方、日本で生まれ育った結果、日本の社会文化にも馴染んでいる。彼らにとって「中国」は自らの「祖国」を意味しているより、むしろ父祖の故郷であって、二つの祖国をもつ状況にはないのである。

6. 「祖国—台湾」を愛している好青年と人格者の模範として

　王貞治のようなスポーツヒーローは、共産党に対抗する「英雄」や「強い味方」であるだけでなく、台湾内部において大衆を教化する模範としても象徴的存在であった。王は、スポーツ競技におけるパフォーマンスや偉業によって、中華民国社会の英雄になったが、彼が達成した偉業やヒーロー性についての過剰なメディア言説は、さらに彼の人格自体の偉大さを強調するようにもなった。メディアが頻繁に王貞治の道徳性、人格の高潔さ、不撓不屈の精神を取り上げ、彼を社会風紀と人民の道徳性を教え導く模範としていた。伝統的な中国人が持つべき「謙虚さ、勤勉さ、倹約、努力家、親孝行」といった美徳を強調することによって、善良な社会へと導いていこうとする中華民国政府のニーズにこたえる人格者のイメージが形成されていったのである。

　これは、中華文化復興運動促進委員会の、「共匪が伝統的な中華文化を破壊する」という宣伝に関する項目、「家庭倫理と家庭教育の唱導」、「倫理道徳、民主、科学についての新文芸運動の展開」、「文化の復興と社会善良な風俗の鼓吹」といった人倫道徳を唱える項目と対応する。王貞治は、蒋介石政権によって、「愛国好青年」や「人格者」として意味づけられていく。

　台湾メディアも「王貞治はとても謙虚な態度をもっている人であり、中国人の偉大さを代表するもっともふさわしい人間である」[38]などと報じた。王はシーズン中に必ずチームメートより早く球場の練習場に到着し、大きな鏡に向かってバッティングフォームをチェックし練習をし、自分の生活を厳しく律することで好調を保っていたとされるが、こうした野球に取り組む姿勢も「人格を裏付けるもの」[39]として言及された。

　さらに台湾メディアで強調されるのは、彼の忠実、謙遜、勇気、正義、人間性、孝悌など、「孝」と「忠」の徳目である。「孝」と「忠」は、ともに儒教の代表的な徳目であり、中国社会の伝統的な人間の中心的な行為規範である。

1966 年 12 月、新婚旅行で訪台時の蒋介石夫妻との写真を掲載し、
王貞治のその後の家庭生活を報道した記事。
（「中央日報」1985 年 7 月 3 日付）

「孝」と「忠」を実践する王貞治像は、メディアによって台湾社会に定着したのである。

　中華文化復興運動が開始された年に、王は恭子夫人と新婚旅行で台湾を訪れている。そこで焦点になったのは恭子夫人をめぐる国籍問題であった。実は、王が結婚する以前、中華民国政府の関係者は当時の人気女優、張美瑤を王貞治に紹介しようと動いていた。「中華民国の英雄の妻は中国人であるべきだ」「中華民国の英雄と中国人の美人が結婚するのは良縁だ」という、一般大衆の願いや期待がそこにはあったと考えられる。もしも結婚が実現すれば、それは王の祖国に対する愛の証明になり、王と祖国との絆を強化させ、祖国の自尊心も満足させることになった [40]。

　そのため、日本人の恭子夫人との結婚が決まった後「妻は中国人ではなくともせめても中国国籍を持ってほしい」という空気が台湾社会を覆い、メディアは恭子夫人が「中華民国国籍の申請中の模範的女性」であるとして、王の談話を以下のように取り上げた。

　祖国の熱烈な歓迎を受け、喜びに耐えません。今回の訪問の主な目的は偉大なる

蒋介石総統及び政府各位にお会いして敬意を表し、祖国の同胞に感謝することであります。また、妻の恭子は現在、中華民国国籍の取得を申請中であります。この機会を通じて恭子に祖国の美しい山河を見せ、祖国同胞からの熱愛を感じさせ、一人の中華民国の華僑としての光栄を思わせてあげたいと思っています。今後私は恭子とともに中華民国と日本が友好を深めることに努力して参りたいと思っています。[41]

恭子さんは非常にかわいくて気品のある方である。我々が恭子さんを一番ほめたたえなければならないのは、彼女が中国国籍を取得し、中国語の名前を付け、中華民国のパスポートで台湾に来たことである。[42]

　王貞治の父子関係以上に、中華民国と何のつながりがない恭子夫人までもが「中国人としての栄光」、「中華民国国籍問題」として台湾メディアは大きく取り上げていったのである。

第4節　1980年代以後の王

1.　「旅日棒球明星」と王貞治

　台湾の野球は、1970年代に少年野球、中学野球、高校野球の"三級棒球"が大盛況の時代を迎え、1980年代に社会人野球（成棒）が発展していく基礎が作られた。しかし、1970年代まで海外に行った選手はほとんどいなかった。日本の植民時代、台湾代表の一員として嘉義農林から甲子園に出場した呉昌征は、その俊足から「人間機関車」と呼ばれ日本の野球殿堂にも選ばれたが、それは例外的な存在である。また、「金のために野球をするのは不浄だ」というムードも強かった。野球選手の理想はあくまで、台湾代表のユニフォームを着て国際大会で好成績を収め、国民の歓迎を受けることであり、何人もの選手がアメリカと日本の球団からスカウトされながら、入団テストを受けるチャンスすらもらえなかった。

　ところが、1980年代に入る状況が変化する。1978年に第3代台湾総統（中華民国第六代総統）に就任した蒋経国は、父の蒋介石が夢見た「反攻大陸」の目標実現が不可能と判断して、台湾国内の開発を進めることに専念した。台湾

本島の南北縦貫高速道路開通、鉄道の電気化工事、桃園中正国際空港の開港など大規模なインフラ整備計画、いわゆる「十大建設」の完成によって、台湾は大陸反攻に向けた復興基地（前線基地）から急激な経済成長を遂げ、「アジア四昇龍（NIES）」の一つに変身した。後に「台湾の奇跡」と呼ばれる経済発展はこの時期に本格化した[43]。内政改革の面では、38 年間にわたった戒厳令が解除され、中台交流解禁や政党結成解禁、報道管制緩和などの民主化措置がとられた。

　中国との両岸関係では、鄧小平が従来の武力による「台湾解放」政策から「平和的統一」に方針を転換して、三通（直接の通商、通航、通信）と四流（学術、文化、体育、工芸の交流）を呼びかけた。それに対して、台湾側も従来の対中国政策を大転換し、香港とマカオへの渡航制限を解除した。台湾住民が中国大陸の親族を訪問することも認め、「自由中国（中華民国）対峙邪悪共匪」が叫ばれた 70 年代と比べて、かなりの融和が進み、中台関係の新しい時代が開かれた。1988 年に第 4 代台湾総統（中華民国第八代総統）に就任した李登輝も、マスコミの大陸取材、電話の直接通信を解禁し、中国の芸術家やスポーツ選手たちの台湾訪問を認め、直接の貿易航路も開設するなど、中国との交流をより一層拡大した[44]。

　こうした経済発展及び両岸関係の緩和とともに、国民的英雄が、台湾国民の自信や民族自尊心を呼び起こす役割は次第に小さくなり、共匪（共産党のゲリラ）に対抗する「反共英雄」としての役割も与えられなくなった。「海外に行くのは不浄だ」という声もなくなり、また、日本プロ野球の「外国人選手枠」拡大と相まって、日本への台湾人選手大量輸出が始まった。日本プロ野球で支配下登録出来る「外国人選手枠」は、1980 年までの 2 人から、1981 年から〔19〕95 年までは支配下選手 3 人に増やされ、96 年からは人数制限が撤廃された[45]。

　そのため、〔19〕80 年代はじめの高英傑（南海ホークス 1980-1983）、李來發（南海ホークス 1982-1983）を先駆として、日本プロ野球に入団する台湾人選手が相次いだ。中日ドラゴンズの守護神として活躍した郭源治、外国人選手で最多の 117 勝をあげた郭泰源（元西武ライオンズ）、入団以来 5 年連続二桁勝利をあげた荘勝雄（元千葉ロッテ）と、1988 年に「呂ブーム」を巻き起こした呂明賜（元読売ジャイアンツ）など、いわゆる「二郭一荘一呂」の台湾勢が活躍して、新しい国民的英雄時代の幕を開けた。日本人にとってのメジャーリー

ガー松井秀喜とイチローや、サッカーの中田英寿と同じように、台湾人選手が日本で活躍する姿は、野球人気の高い台湾でも国民の一大関心事であり、もう一つの国威発揚としての役割を果たした。

　一方で、蒋介石が治める台湾で国民的英雄となっていた王貞治は、1980年11月4日に引退記者会見を開き、21年間の現役生活に別れを告げた。その後、藤田元司監督の下で3年間巨人の助監督を務めて、2度のリーグ優勝に貢献した後、84年に巨人の監督に就任した。巨人監督時代の王は中華民国の「国籍堅持」と「祖国英雄」のことが相変わらず台湾のメディアに取り上げられたが、もはや蒋介石総統時代のような反共英雄でもなければ、台湾の社会的価値のモデルでも、イメージでもなくなり、「二郭一荘呂」と並ぶ「旅日棒球明星（在日野球スター）」的な存在となった。

2.　「オリエントエクスプレス」郭泰源に巨人に入ってほしい台湾メディア

　1980年代以後の王貞治は台湾の国民的英雄の輝きが色褪せてきたものの、王貞治が台湾に縁をもつ最大のヒーローであることには変わりはなかった。そのため台湾のメディアには、海外に行く選手に対して「王貞治が監督を務めている巨人に行ってほしい」というムードが漂っていた。

　例えば、台湾代表として1984年のロサンゼルスオリンピックで活躍し、「オリエントエクスプレス」と呼ばれた郭泰源は、オリンピック終了後に、メジャーリーグ、西武ライオンズ、読売ジャイアンツの数球団による激しい争奪戦にさらされた。郭を巡る争奪戦が繰り広げられている最中、台湾のメディアは西武から事前に契約金を受け取ったので断れないのではないかという憶測を報じ、「西武の選手への待遇は良くない」、「西武は日本で人気が低い球団」など、西武に対するネガティブキャンペーンを繰り返した[46]。

　一方で、王貞治との関係に触れながら、「同じ中国人なので巨人に行くべきだ」という期待が語られてもいる。例えば、「我が国に絶大な栄光をもたらした王貞治監督は、何年間も日本で生活してきたが今でも中華民国のパスポートを持っている。これは彼の愛国心の証である。今、王の巨人が不振に陥り、郭泰源の加入を必要とするこの時期に、同じ同胞として見捨てることができるのか？」[47]といったものだった。

3.　長嶋に敵意を抱く台湾のメディア

　日本プロ野球の代表的なスポーツヒーローといえば、王貞治と長嶋茂雄であろう。王は長嶋との関係を以下のように回想している。

　　私はそれほど対抗意識してはいなかったと思う。大体、私は左、長嶋さんは右、である。私はホームランバッターで、タイプも長嶋さんとは違う。これでは、世間でいうような陰険なライバル意識は生まれてくるはずがない。ライバルという言葉を使うなら、私は長嶋さんのような偉大な選手が私のライバルであったことを幸福に思う。[48]

　ところが、外国国籍で「純血」の日本人ではない王貞治はいくら良い成績をあげても、いくらホームランを打っても、人気という面では長嶋を抜けなかった。「ミスター」と呼ばれるのも王貞治ではなく、長嶋である。

　この点について、台湾のメディアは不満をもらすことがある。例えば、アテネオリンピックの出場権をかけた 2003 年のアジアカップである。台湾は海外の選手を招集し、国を挙げて 12 年ぶりのオリンピック出場権の獲得を目指していた。人工芝の球場とドームでの試合に早く適応するために、台湾代表は大会の一週間前から福岡ドームに駆けつけて練習を始め、台湾のメディアも福岡ドームに殺到していた。そして、福岡ドームが練習場所となったのは、福岡ダイエー・ホークスの監督である王貞治との関係によるものと報じられていた。

　台湾メディアは「王貞治と台湾代表とのつながり」、「王貞治が台湾代表へのアドバイスと激励」といった点に焦点が絞られ「日本と台湾は一緒に予選突破し、五輪大会に進出すると王貞治監督が望んでいる」と報じていた。[49] 王貞治は「我が国の英雄」であることに変わりはなく、激励が国民を最も喜ばせる。だから、台湾メディアは頻繁に王の話を引用していた。若い世代の野球ファンは、二つの中国が争った時期を経験していないだけでなく、全盛期の王貞治を見たこともないが、それにもかかわらず、王は特別な存在なのである。それは数十間間にわたってメディアが伝え続けた「台湾の英雄―王」あるいは「最大の在日台湾人有名人―王」というイメージが台湾社会に定着したからである。

　当時、日本代表監督は長嶋茂雄で、「ミスタープロ野球」や王との名コンビ、

「ONのN」として台湾の野球ファンに馴染み深い名前であった。大会開始前に福岡に到着した台湾代表は実戦感覚を取り戻すために対戦チームを求めたが、調整は順調に進まなかった。その事情を聞いて王貞治はすぐダイエー二軍を実戦練習の相手チームとして提供したが、このことを長嶋監督と日本野球協会の山本英一郎会長が叱責したと台湾メディアは報じた。

忠勇愛国の王貞治は、日本の英雄である長嶋茂雄にひどく叱られたにもかかわらず、意思を変えずに台湾代表を援助することにした。彼はやはり台湾代表の予選突破を願っていますから。[50]

王貞治が台湾代表のためにダイエーの二軍を実戦練習の相手として提供した。それを聞いて、長嶋は記者会見を開き、ひどい言葉で王貞治を強く批判した。そんな長嶋がいる対日本戦を、我々は強く意識しないでいられるだろうか？[51]

この事件が日本のメディアに報道されなかったため、実際にこのような事件が存在したのかどうかは不明であるが、この「事件」を発端に、台湾メディアの長嶋批判が展開されるようになる。例えば、長嶋茂雄が評論家として呂明賜を批判したのは王貞治への恨みがあるからであり、呂明賜が結果的に巨人を去る原因となったと、台湾のメディアは報じた。

巨人はあれだけ素晴らしい成績を残した王貞治を四番に座らせるべきなのに、いろいろな理由をつけて長嶋を四番として起用した。日本天皇にいただいたミスターである長嶋に対して、王貞治が日本人ではないのが人を忌む原因ではないか？　評論家といい、一般の野球ファンといい、誰もが長嶋よりも王貞治の方が四番にふさわしいとはっきり分かっているが〔……〕いつも長嶋が王を批判するだけで、王は長嶋を批判したことは聞いたことがない。[52]

ここには「我々の英雄―王貞治」と「彼ら―長嶋」という対立的な表現が見出せる。また、この対立ゆえに、対日本戦についての報道は、あきらめムードから「必死にやろう」というムードに転換した。「対韓国戦は絶対落とせないが、それよりもっと重要なのは抗日だ。なぜなら今回日本代表の監督はひどく

我々を欺く長嶋であるから」[53] などと報じられている。

　この予選は上位 2 カ国がオリンピック出場枠を獲得するので、台湾代表は最初から日本戦をあきらめ、打倒韓国を掲げ、残り一枚の出場権を獲得する方針であった。このことは初日の対韓国戦でサヨナラ勝ちした後、まるでアテネ切符を手にしたかのような祭り騒ぎからも分かる。ところが台湾メディアがライバルとして焦点を当てたのは、日本代表でもなく、韓国代表でもなく、長嶋への敵意だったのである。

　オリンピックやワールドカップに代表される国家対抗のメディア・イベントは、人々に強烈な共有体験をもたらし、「われわれ」としての集合的アイデンティティを強化し、他者との境界を確認させる作用がある[54]。1980 年代半ば以後、王貞治の「愛国心」と「祖国愛」を強調する記事はめったにないが、他者と対抗すると、「われわれ＝王貞治」、「彼ら＝長嶋」の言説がメディアによって生み出されたのである。

おわりに

　二つの中国が「中国人正統性」をめぐって激しく争っていた時代から、台湾本土化政策によって形成され、「台湾は中国の一部ではない」という「台湾人意識」が強くなってきている現在にかけて、台湾人の政治的意識の中の「他者」は「中華人民共和国」であることには変わりがない。それに対して、スポーツ（野球）の中での「他者」は野球がマイナースポーツである中国ではなく、いまや「日本」になったのである。

　1980 年代以後、台湾社会にとって「中共」からの脅威と経済的不安の減少とともに、王貞治の国民的英雄の輝きもやや褪せてきた。そして、王貞治及び「二郭一荘一呂」の引退などの「われわれの旅日英雄」時代の終焉とともに、現在海外に輸出する台湾人選手の夢の舞台も、王貞治に憧れて日本にやってきた「二郭一荘一呂」と異なり、世界一の舞台—メジャーリーグへ飛んでいく傾向がある。つまり、台湾人にとっての日本プロ野球は、かつての憧れあるいはモデルとしての存在から、「我々＝台湾」に対する「彼ら」という存在となった。21 世紀の台湾メディアによって生み出された「われわれ＝王貞治」、「彼ら＝長嶋」の言説はその現象を説明するといえるだろう。

もちろん、王貞治は「外部の他者―中国」に対抗する反共英雄としての政治的利用価値が小さくなったとはいえ、台湾社会に尊重される英雄であることには変わりがないので、21世紀に入っても台湾の政治人物が「我が側の英雄」として祭り上げる「最愛」の英雄である。2001年8月に総統府から「三等大綬景星勲章」を授与され、さらに同年11月には台湾・日本の親善大使の役目を果たす台湾陳水扁政府の「無任所大臣」を任命された。

　2003年福岡ダイエー・ホークス訪台親善試合が行なわれた際、王貞治をめぐって民進党と親民党の間で綱引が繰り広げられていたなど[55]、もはや台湾社会の国民的英雄のイメージとして定着した王貞治は台湾政府や各政党にとって手放せない存在感がある。蒋介石から、現任の陳水扁まで、数十年にわたって、政治的に利用されないように、「世界の王」はいつも慎重に振舞ってきたが、どんなことでも政治が焦点になっている台湾社会では、政治の渦中に巻き込まれるのは「台湾の英雄」としての避けられない宿命のようである。

　現在台湾メディアにおいて王貞治のニュースはもはや大きく取り扱われることなく、一面を張れないものの、プロ野球に限らず、台湾野球界全体への提言は必ず紙面に載り、台湾球界にとって重要なメッセージである。そんな王貞治の存在感はこの先も変わらないだろう。

【注】
1)　中華会館編『落地生根　神戸華僑と神阪中華会館の百年』研文出版、2000年、240頁
2)　大平善梧「領土の移転と住民の国籍　東京地方裁判所昭和48年行ウ第28号」『亜細亜法学』11（1）、1987年、37-38頁
3)　越川純吉『渉外民事事件の諸問題』司法研修所、1964年、67頁
4)　安江とも子「女性からみた国籍法」土井たか子編『「国籍」を考える』時事通信社、1984年、178頁
5)　菅原幸助『日本の華僑』朝日新聞社、1979年、190頁
6)　過放『在日華僑のアイデンティティの変容　華僑の多元的共生』東信堂、1999年、180頁
7)　王登美『ありがとうの歳月を生きて』勁文社、1984年、72頁
8)　王貞治『王貞治　回想』日本図書センター、2000年、131頁
9)　前掲過放、1999年、170頁
10)　前掲王貞治、2000年、128頁
11)　前掲過放、1999年、168頁
12)　杜駒『在日華僑の政治的態度』誠信書房、1966年、65頁
13)　林琪雯『運動與政權維繫　解讀戰後台灣棒球發展史』(台湾大学社会研究科修士論文)、1995年、40頁
14)　橋本純一『現代メディアスポーツ論』世界思想社、2002年、250頁

15）Boorstin Daniel, *The Image; or, What Happened to the American Dream*, Atheneum, 1962（星野郁美・後藤和彦訳『幻影の時代　マスコミが製造する事実』東京創元社、1964 年、75 頁）

16）前掲橋本純一、2002 年、261 頁

17）鈴木洋史『百年目の帰郷　王貞治と父・仕福』小学館、2003 年、117 頁

18）『聯合報』1965 年 12 月 27 日

19）『聯合報』1964 年 4 月 25 日

20）『中央日報』1965 年 3 月 29 日

21）『中央日報』1966 年 11 月 29 日

22）『中央日報』1965 年 12 月 5 日

23）前掲過放、1999 年、218 頁

24）『聯合報』1964 年 4 月 25 日

25）若林正丈『台湾　変容して躊躇するアイデンティティ』ちくま新書、2001 年

26）『聯合報』1965 年 12 月 1 日

27）『中央日報』1965 年 12 月 5 日

28）『聯合報』1965 年 12 月 14 日

29）『中央日報』1975 年 7 月 14 日

30）前掲過放、1999 年、126 頁

31）前掲王貞治、2000 年、170、172 頁

32）前掲過放、1999 年、128 頁

33）同上

34）王貞治『さらば巨人軍―豪快野球で王道を往く』実業之日本社、1995 年、120 頁

35）前掲鈴木洋史、2003 年、125 頁

36）Schlesinger Philip, *Media, State and Nation: Political Violence and Collective Identities*, SAGE, 1991, p.153

37）黒田勇「ヨーロッパにおける文化的アイデンティティとマスメディア（1）」『大阪経大論集』第 47 巻第 6 号、1997 年、26 頁

38）『中央日報』1968 年 2 月 11 日

39）『聯合報』1976 年 10 月 19 日

40）前掲鈴木洋史、2003 年、130 頁

41）『中央日報』1966 年 12 月 4 日

42）『聯合報』1966 年 12 月 8 日

43）本田善彦『台湾総統列伝　米中関係の裏表史』中公新書ラクレ、2004 年、101-103 頁

44）杉江弘充『知っていそうで知らない台湾　日本を嫌わない隣人たち』平凡社新書、2001 年、118-119 頁

45）『決定版日本プロ野球外国人選手大鑑』ベースボールマガジン社、2002 年

46）『聯合報』1984 年 8 月 13 日、1984 年 8 月 18 日

47）『聯合報』1984 年 8 月 17 日

48）前掲王貞治、2000 年、67 頁

49）『民生報』2003 年 10 月 28 日

50）『中国時報』2003 年 11 月 1 日

51）『中国時報』2003 年 11 月 4 日

52）『中国時報』2003 年 11 月 3 日

53）『中国時報』2003 年 11 月 4 日

54）黒田勇「メディア・スポーツの変容「平和の祭典」からポストモダンの「メディア・イベント」

へ」『マス・コミュニケーション』62、2003 年、23 頁

55）2003 年 11 月 14 ～ 16 日日本シリーズで優勝した福岡ダイエー・ホークスは、台湾を訪れ親善試合を行った。今回の台湾遠征は王貞治をめぐって「争い」があった。台湾では 2003 年、野球は 12 年ぶりのオリンピック出場が決まったことで盛り上がっていた。翌年（2004 年）の総統選挙で連戦と組んで陳水扁総統に挑戦する宋楚瑜が、9 月中旬、「ホークス招請は国親両党が行ったもので、連戦と共に始球式のバッテリーを務める」と発表したことから問題は始まった。王貞治監督と個人的に親交が深いといわれる宋楚瑜は、同年の 3 月に訪日時に福岡ダイエー・ホークスのオープン戦で始球式を行っていた。また今回の親善試合は、中華民國棒球協會（台湾野球協会）が国民党・親民党が資金提供している「平實行銷有限公司」と共催しているものであり、国民党および親民党にとって 2004 年 3 月の総統選挙の前に、重要なプロパガンダである。ところが、親善試合が行なわれる 5 日前に、台湾野球協会が陳水扁総統を始球式に招くという計画が報道された。スポンサーになっている国民党及び親民党は「陳総統は元手をかけずに利益を得てばかりして、政治利用しようとしている」と強く批判した。これを受けて陳総統は「自分は楽しく野球ファンをしたいのであって、始球式を誰が投げるかについて争うつもりはない」と表明したが、王ホークス訪台親善試合の始球式及び王監督との面会を巡って台湾政界の熾烈な闘いは続いた。

台湾における「嘉義農林」の忘却と想起

―映画『KANO』の分析を中心にして―

王　萱樺

はじめに

　台湾では野球が最大の人気スポーツである。しかし、野球がなぜ台湾で人気があるのかについて歴史的に知る人はある時期まで多くはなかった。多くの台湾人は、1960年代後半に世界的に活躍したリトルリーグのチームを野球人気の起源と考えていた。しかし、近年は日本統治時代の嘉義農林の活躍をその起源と認識する人が増えてきた。その原因を作ったのが台湾映画『KANO』（2013年）である。

　しかし、日本においては、戦前の嘉義農林の活躍は野球ファンにはかなり知られたものである。なぜ、台湾では嘉義農林の活躍が「忘却」されていたのか、そして、映画『KANO』はなぜヒットしたのか、本章では、台湾人によるその「忘却」と「想起」の歴史を台湾の戦後政治とかかわらせながら読み解きたい。そして映画『KANO』についての台湾の人々の受容のされ方も明らかにしたい。

第1節　台湾アイデンティティと親日意識の変化

　黄俊傑[1]によると、台湾意識は1）明清時期、2）日本統治時代―1895～1945、3）光復後―1945～1987、4）ポスト戒厳期―1987年より今日までの大きく四階段に分けられる。第一段階は明清時期である。鄭成功時代（1661-1683）

および清朝統治下（1683-1895）の台湾では、中国大陸から台湾に移民した漢人は台湾意識は持たなかった。第二段階は、1895年以降、日本統治時代の台湾意識は、日本帝国主義と日本人による抑圧に反対するものとして形成された。第三段階の光復（植民地解放）後の台湾意識は、当時の国民党政権による台湾省人への差別や抑圧と権利分配の不公平・不公正に対して生起された。そして、第四段階のポスト戒厳時代以降の台湾意識は、対内的には台湾住民の各民族グループの団結を追求し、対外的には中国共産党政権の横暴と圧力に対するものである。

1. 台湾における親日の変化

1-1. 日本植民時代 1895年～1945年

　台湾の日本との関係における歴史について、伊藤潔（1993）『台湾』と浅野和生（2010）『台湾の歴史と日台関係』[2]に従って概述しておく。

　台湾の日本統治時代とは、日清戦争の結果、下関条約によって台湾が清朝から日本に割譲された1985年4月17日から、中華民国に編入された1945年10月25日までの時代をさす。日本統治の初期段階は1895年5月から1915年の西来庵事件までの第1期、台湾総督府が強硬な統治政策を打ち出し、台湾居住民の反日の抵抗運動を招いた。

　日本統治の第2期は西来庵事件の1915年から1937年の盧溝橋事件までで、第一次世界大戦の結果、西洋諸国の植民地統治の権威が失墜し、民族主義が高揚した時期である。台湾総督府は同化政策を推進し、総督府評議会の設置、日台共学制度及び共婚法の公布、日本語学習の整備などの同化を促進し、鉄道や水利事業などに積極的に関与した。

　第3期1937年7月に日中戦争勃発後、戦争へ台湾住民を動員する必要から「皇民化」運動を展開した時期である。

　この間、日本統治により台湾の治安や生活が以前より改善された一方で、日本人と台湾人の間に不公平な待遇が存在した。したがって、台湾人の心に日本人に対して生活環境の改善を感謝する気持ちがある反面、統治者と被統治者の間には対立意識もあり、いつか祖国（明朝の中国）に戻るという期待も強かった。

1-2. 戦後 1945 年〜 1980 年代

　蔡錦堂と李衣雲によれば、日本統治からの解放後、「祖国の懐に回帰できた」という希望を抱いたが、国民党の一連の反日政策が原因で、台湾人の国民党に対する嫌悪が高まった。中国と日本の間で比較が生じ、日本のイメージを再び浮上させたという[3]。

　荘静怡・李美枝は台湾人の中国大陸に対する意識を考える際、日本が重要な役割を演じているという仮説を立てた。

　　国民党が台湾を統治した期間が生み出した省籍間の衝突や、そこから発展した「台湾」と「中国」間の対立は、ある台湾人の肯定的な対日観を誘発した。中国から背離することと日本に親しみを持つことは、台湾アイデンティティを持つことと、表裏一体の意味を有している。(中略)日本は植民政府としての立場で台湾を統治したが、それがインフラ整備であろうとソフト面の制度であろうと、台湾を中国大陸より現代化させたことには違いない。よって台湾民衆は、日本に替わって台湾を統治した将介石グループに対して失望や不満を感じた際、日本時代の「よかった」部分のみ選択し、それを国民党統治時代の「悪さ」と対比した。こうして認知と情感のバランスを維持したのだ[4]。

　薄木秀夫は二・二八事件[5]が起こったことを契機に、台湾人の間で日本時代を懐かしむ風潮が強まったとする。日本の文化商品をアンダーグラウンドで消費し続け、海賊版となってた大衆文化商品は民間に流れた。台湾人の「親日感情」は戦後になってから加速したという。

　以上のように、台湾人の「親日感情」は国民党の政権と以前の日本植民地時代の間での比較が生まれたとされる。

1-3. 1990 年代―哈日族誕生

　1988 年の李登輝政権に出現により、台湾人対外省人の二分法がなくなった。1998 年台北市市長選挙に李登輝が馬英九を応援する際の言葉、「私は新台湾人だ」というスローガンで、対内的には台湾を各民族グループ間の緊張関係が解かれ、また、台湾社会における「日本」の位置が再転換させられることとなった。

1990 年代に入り、台湾では日本ブームが沸き上がり、日本の大衆文化が一気に台湾に流入し、台湾人の日本に対する崇拝心理も高まった。この契機となったのは 1992 年スター TV（金星衛視）がアジアの中国語市場に向けに日本ドラマを中心に放送した『偶像劇場』であった。それ以降日本ドラマはもちろん、他の日本文化商品、音楽や映画の消費も一気に台湾に入り、「哈日族」もこの環境の中で誕生した。哈日族という言葉は「日本中毒患者」を自称する漫画家・哈日杏子（ハーリーシンズ、ハニチキョウコ）が 1996 年に出版した『早安日本（おはよう、日本！）』に登場し、日本文化に熱狂し、「日本人になりたい」の人達を「哈日族（ハーリーズ）」と呼ぶ。

　五十嵐暁郎と岩渕功一[6]によると、「哈日族」「哈日風」は、資本主義社会における大量消費、大衆消費の一つの現象で、アジアでも大衆消費文化の最先端であった日本が「かっこいい」と感じられたからこそ、日本が好まれたとする[7]。

　また、李丁讃と陳兆勇[8]によれば、日本ドラマの流入により、台湾で日本文化の「想像空間」が形成された。それを契機として、日本音楽、アニメ、番組、他の文化商品もこの空間において交流され、新しい文化的アイデンティティも作り出され、日本に対して強烈な崇拝心理をもちつつ、消費生活行動の中で日本を模倣しようとしたとする。

1-4. 2000 年代―多民族の台湾

　2000 年代の 10 年間に台湾で本質的な社会変動が起きた。つまり、1949 年に国民党政権が中国から台湾に渡って以降長年続いた「少数派外省人による多数派本省人の支配」という構図が崩壊したのである。1987 年の戒厳令解除、1988 年から 2000 年の国民党・李登輝（本省人）政権、2000 年から 2008 年の民進党・陳水扁（本省人）政権へと移っていく経過を経て、外省人の支配が崩れたと台湾社会が認識し始めた。

　その結果、本省（台湾）人の若い世代が社会での発言権を獲得し、これまで抑圧されてきた本省人のストーリーを自分たちの言語で、堂々と語ることができるようになった。その代表が魏徳聖であり、彼の初監督作品で、日本による植民統治に対する台湾本省人の複雑な感情を取り上げたのが『海角七号』であった。『海角七号』は台湾映画興行収入第 1 位となり、社会現象とまで言わ

れた。

　『海角七号』の内容について林ひふみは、海角七号は台湾庶民の暮らしをリアルにかつ暖かく描き、大いに一般観客の共感を呼ぶ内容だったとする。こうした魏監督の姿勢が、作品中で夢を実現する登場人物らの姿と重なって、観客の熱い支持を受け、社会現象とも呼べるほどのヒットにつながったと論じた[9]。

　また、何義麟は、『海角七号』の娯楽映画的側面に関して、台湾の若者たちが歴史意識やナショナル・アイデンティティの問題に縛られずに日本の文化、特にサブカルチャーの部分を「消費」し、自分たちの文化を創造できるようになったという論点を提示した[10]。90 年代以後の若い新世代が旧世代（日本語世代、国民党世代）の思いを共有できたということは、台湾の歴史を直視して受容することを意味する。そして、「外省人 vs 本省人」の対立関係を超越した多民族社会としての台湾という新たなアイデンティティが提示されたと結論づけている。

第 2 節　嘉義農林と紅葉少棒の記憶

1.　嘉義農林についての日本の報道

　「台灣棒球維基館[11]」によれば、嘉義農林学校は、台湾中南部の現・嘉義市にあった農業系の高校である。2000 年に大学に昇格し、国立嘉義大学と改称されている。1928 年 4 月、嘉義農林学校に野球部が生まれ、1929 年 10 月に濱田次箕が部長となる。松山商業の近藤兵太郎監督の就任後、嘉義農林野球部は、日本統治時代（1895 ～ 1945 年）に春に 1 回、そして夏に 4 回甲子園に出場した。嘉義農林出身の選手は日本や台湾野球界の発展に寄与した。例えば近藤監督の指導下で甲子園に出場した呉昌征選手は、のちに巨人や阪神で活躍し、1995 年に日本プロ野球殿堂入りを果たしている。

　嘉義農林についての日台の新聞記事を比較すると、ある時期まで台湾ではあまり報道されていなかったことがわかる（表 1）。

　日本の場合は朝日新聞データベースで台湾植民期の 1895 年から 1945 年までの記事で「嘉義農林」をキーワード検索した結果、88 件の記事があった。戦後、台湾の「聯合報」の創刊日の 1951 年 9 月 16 日から映画公開の前年度 2013 年までの朝日新聞の掲載記事は 44 件であった。

表 1

	朝日新聞（日本）	聯合報（台湾）
1895-1945	88　（嘉義農林・嘉農）	×（1951 年 9 月 16 日創刊）
1951.09.16-2013.12.31	44　（嘉義農林・嘉農）	45　（嘉義農林・嘉農）

　1978 年の朝日新聞は、嘉義農林について、「異色チーム　呉明捷　球史ここ
に―全国高校野球選手権」（「朝日新聞」1978 年 5 月 19 日付朝刊）という見出
しのもとに取り上げ、甲子園で決勝まで行ったことを詳しく記している。こう
した記事が時に掲載されることで、日本人のとりわけ野球ファンには嘉義農林
の記憶が戦後も継続していたと言えるだろう。さらに、10 年後の以下の記事
でも嘉義農林の業績について触れている。

　　台湾と甲子園との結びつきは歴史が古く、戦前にさかのぼる。昨夏の甲子園で
　準優勝の京都・平安の初出場は二七年。けん引役となったのは、日本領土だった
　台湾からの三選手だった。当時「高砂族」と総称された先住民族の出身で、伊藤
　次郎、稲田照夫、西村喜章と日本名を名乗った。足が速く、肩も強い。投手、二
　塁手、外野手で活躍した。三一年夏には、台湾代表で初出場した嘉義農林がいき
　なり準優勝。先住民族「アミ族」の選手がはだしで快足を披露、人気を呼んだ。（後
　略）
　　　　　　　　　　　　　　　　　　　　　　（「朝日新聞」1998 年 5 月 11 日付朝刊）

　また、司馬遼太郎も嘉義農林のことを子どもの時からよく聞いていたとす
る。

　　台湾野球の歴史には、転機になる二つの大きな出来事があった。一つは、「台湾
　の星」ともてはやされた嘉義農林学校の登場だ。「私はスポーツに暗いが、それで
　も戦前の甲子園大会における台湾の嘉義農林学校の野球の名声は、こどものころ
　から聞きおよんでいた」。司馬遼太郎は「台湾紀行」にそう記す。台湾といえば嘉
　義農林の時代があった。
　　　　　　　　　　　　　　　　　　　　　　（「朝日新聞」1995 年 7 月 28 日付朝刊）

　さらに近年の記事においても、嘉義農林は繰り返し登場する。以下の記事の
ように、嘉義農林は日本高校野球連盟の招きで甲子園の開会式を観覧すること
になった。一般の日本人にとっては重大なこととは言えないにしても、少なく

とも、甲子園野球の主催者や関係者にとっては重要な歴史的な出来事として認識されていることが分かる。

嘉義農林 OB、甲子園へ　戦前台湾の強豪校、準優勝から 80 年　高野連が開会式に招待
　台湾南部に、戦前の甲子園で強豪校として知られた嘉義農林（現・嘉義大学）という学校がある。1931 年夏の第 17 回大会で準優勝して 80 年になる今回、同校の OB 会が日本高校野球連盟の招きで 6 日にある甲子園の開会式を観覧することになった。（中略）台湾では日本統治時代に野球が普及。中でも嘉義農林は強豪で甲子園に夏 4 回、春 1 回出場した。当時の甲子園出場メンバーはすでに亡くなり、しかも戦後しばらく野球部がなかったため、実は一行で野球に直接かかわった者は多くない。だが、日本の植民地で準優勝までした学校という誇りがある。OB 会長の蔡武璋さん（67）は「野球は今に至るまで我が校の精神となっているんです」と力説する。校内には大きな記念碑もある。（「朝日新聞」2011 年 8 月 3 日付朝刊）

以上のように、とりわけ朝日新聞には何度も掲載され、戦前の嘉義農林の活躍については日本の高校野球ファンの多くが知ることとなった一方で、台湾人自身は嘉義農林のことを長く知らないままであった。1998 年の朝日新聞にも「台湾少年野球チーム、高校野球大会を観戦」として、象徴的な記事が掲載された。

　台湾の少年野球チームの子供たち十三人が十四日、兵庫県西宮市の阪神甲子園球場を訪れ、熱戦が続く全国高校野球の試合を観戦した。台中市の「光復少年野球団」主将、陳泓勝君（一三）は「こんなに大勢の観客は見たことない」。戦前の十七回大会で、台湾代表の「嘉義農林」が準優勝したことを知ると、「本当ですか」と驚いていた。　　　　　　　　　　　　　　（「朝日新聞」大阪本社 1998 年 8 月 15 日付）

日本の嘉義農林の記事と比べ、台湾の場合、「聯合報」の創刊日から 2013 年までの記事は 45 件で、2000 年以後の記事はおよそ半分の 28 件だった（表 2）。これ以前、1951 年から 1999 年までの 17 件については後ほどふれる。
　その中で、聯合報の嘉義農林の記事は 2001 年に 5 件と 2012 年の 8 件と 2013

表 2　2000 年—2013 年の台湾「聯合報」（嘉義農林 28 件）[12]

2000 年	1 件	2005 年	0 件	2010 年	0 件
2001 年	5 件	2006 年	2 件	2011 年	0 件
2002 年	1 件	2007 年	0 件	2012 年	8 件
2003 年	2 件	2008 年	0 件	2013 年	8 件
2004 年	0 件	2009 年	1 件		

年の 8 件に集中している。2001 年の 5 件は嘉義農林学校（現嘉義大学）創校
90 年に関連した記事で嘉義農林野球部のことが掲載されている。2012 年は魏
德聖が『KANO』を制作すると発表した年でありオーディションなどの宣伝で
あり、2013 年については映画宣伝のため記事が多かった。

2.　台湾メディアによる「紅葉少棒」伝説

　　紅葉少棒とは台湾東部の紅葉村にあった少年野球チームのことであり、台湾
野球史に大きく登場するチームであり、台湾社会の共通の記憶となっている。
現在花東（花蓮、台東）地域の HP には次のように記されている。

　　紅葉少棒は 1968 年、台東県延平郷の紅葉少年野球チームが当時世界一位であっ
　た日本関西少年野球リーグの和歌山チームを 7 対 0 で打ち破りました。この一勝
　により紅葉村という辺鄙な集落は遠く海外にまで名を知られるようになりました。
　そして、台湾全土に野球ブームをもたらし、各レベルの野球チームが雨後の竹の
　子のように設立されました。台湾野球史上の三級野球（少年野球・青少年野球・
　青年野球）時代を開いた。彼らの台湾野球界における貢献を記念し、地元有志に
　より紅葉小学校の校内に「紅葉少年野球記念館」が建てられ、1992 年に正式に落
　成しました。[13]

　　紅葉少棒は台湾で「紅葉伝奇」と言われている。王惠民 [14] によれば、紅葉
少棒が台湾で伝説になった理由は、紅葉少棒が 1968 年 3 月 2 日に全国秋茂杯
で優勝したのをはじめ、同年 5 月 21 日には台北で第 20 回全省学児杯野球大会
でも優勝し、6 月、7 月の間各地で行った友好試合のすべてで優勝しているか
らである。さらに 8 月 25 日に日本からの和歌山チームに二度勝利し、当時の
聯合報の記者孫鍵政によれば、紅葉少棒は 5 月からの間に 35 連勝の記録を残

したので、「所向無敵（向かうところ敵なし）」の名誉を得たとしている[15]。

　しかしこの伝説には、大きいな間違いがある。1968年に紅葉少棒が日本のチームに勝利したのは事実だが、その時台湾に来たチームは1968年リトルリーグ・ワールドシリーズで優勝した和歌山チームではなかった。台湾と対戦したチームが世界で優勝した和歌山チームというストーリーになぜ変わったのかは、今となっては分からないが[16]、紅葉少棒が世界一のチームに勝利した伝説はその後台湾に広がることとなった。

　台湾人の多くは長い間紅葉少棒（紅葉野球部）が台湾野球の起源だと信じてきた。表3は、「聯合報」創刊の1951年9月16日から2013年末までの嘉義農林と紅葉少棒の記事数を比較したものである[17]。

　紅葉少棒についての記事は嘉義農林のおよそ10倍以上ある。さらに注目すべきは、1951年創刊から1991年（李登輝政権の開始）までは嘉義農林の記事がわずか1件で、紅葉少棒に記事は352件もあったことである。

　台湾メディア及び台湾人の嘉義農林についての記憶がなぜなかったのか。「聯合報」2001年11月19日の記事は「台灣棒運　謝仕淵：深厚自然」と題して以下のように指摘する。

　　1931年，嘉義農林學校進軍日本，參加甲子園全日本高校野球賽，榮獲亞軍。謝仕淵說，這對日本人和台灣人都是很大的震撼，對台灣人更意味只要在公平的制度下，台灣人也可以打敗殖民者。<u>台灣光復後，政府在仇日情結下並不鼓勵棒球運動，</u>（台湾光復後、政府が反日感情から野球は勧めていない）<u>但台灣人對棒球依舊熱情，從金融行庫業餘棒球隊的比賽，一直到台東紅葉少棒崛起，台灣的棒球運動跟著經濟成長起飛。</u>（台東紅葉野球部の登場で、経済成長とともに台湾の野球も成長していった）1970年代，在退出聯合國、中美斷交下，政府把棒球當成振興國人信心的運動，<u>台灣在世界少棒賽連連獲得冠軍，當時家家戶戶半夜守候電視觀看實況轉播，成為社會奇觀。在政府的鼓勵下，棒球幾成「國球」。</u>（台湾少年野球が世界大会で連続優勝を勝ち取った。当時どの家庭でも夜中にテレビの中継放送を観るという

表3

	嘉義農林	紅葉少棒
1951年—1991年	1件	352件
1992年—2013年	44件	80件

社会現象となった。そして政府の推奨もあり野球が「国球」になった) 此後, 台灣的少棒、青少棒、青棒與成棒, 在世界上都有優異表現。1990 年, 台灣更發展職業棒球, 使棒球運動成為休閒與消費生活的一環。 （「聯合報」2001.11.19）

この記事では、日本の植民地支配からの解放以後、政府は反日感情をもち、野球を奨励してこなかったが、紅葉少棒が 1968 年に日本チームに勝ち、さらに、台湾少年野球が世界大会で連続優勝することで、野球はその当時の台湾の経済成長とともにますます成長していくこととなったとしている。

ところで、紅葉少棒が 1968 年に日本チームに勝ったことで、紅葉少棒はメディアによって、伝説的な野球チームというイメージがつくりだされ、台湾人は現在でも紅葉少棒の業績を「紅葉傳奇（紅葉伝説）」と呼んでいる。その出来事から 5 年を経た「聯合報」には次のような記事がある。（以下、本章における台湾の新聞記事の引用は日本語訳のみを記載する。）

　　紅葉少棒チームは 5 年前に遠い台東山の奥の「紅葉小学校」で発祥。アジア少年野球大会で強い日本の少年野球代表チームに勝ち、知名度が広がり、我が国の少年野球はさらなる発展を遂げ、さらに連続三回世界少年野球大会で優勝した。 （「聯合報」1972.11.11「前紅葉隊員 資助金増加」）

こうして、紅葉少棒の伝説は、少しずつ台湾人の記憶に刻みこまれていった。そして、以下の 1999 年と 2002 年の記事のように 30 年以上経過しても、台湾の野球史上もっとも輝かしい記憶となっていたのである。

　　あの栄光ある中日戦や、偽称して選手を入替えの事件、さらに選手が酒をむさぼる事件など色々があったが、台湾の記憶の中で、紅葉少棒の伝説は忘れられないものだ。 （「尋找　土地歸屬感」『聯合報』1999.10.02）

　　民国五十七年（1968 年）、紅葉チームは日本調布隊に勝利した。それは胡永輝の一本のホームランだった。紅葉チームの名は全台湾に広がり、国内の野球をさらに発展させた。（「老紅葉重出江湖 寶刀未老」『聯合報』2002.12.30）

3.　台湾における「嘉義農林」の忘却と「紅葉少棒」の記憶

　なぜ、「嘉義農林」は忘却され、「紅葉少棒」の記憶、あるいは「伝説」は維持されたのか。「民報文化雑誌」黄國洲 [18] の記事によれば、戦後 1945 年以後の国民党政府の脱日本化政策の結果だとする。国民党政府は中華文化を本位とする教育政策を推進するため、植民時代の資料のほとんどがその時期に除却され、極めて少ない資料しか残っていないとする。

　魏監督自身も、沢山の歴史資料の中で偶然嘉義農林のことを見つけ、嘉義農林は紅葉野球部や金龍野球部 [19] より以前に台湾野球の素晴らしい時代があったことに驚き、脚本を書き始めたと語っている。さらに、元プロ野球選手陳義信や「台湾野球一百年」の作家謝仕淵も嘉義農林の事をあまり知らなかったという。

　「聯合報」（1997 年 5 月 23 日）の記事によれば、台湾の花蓮県出身の元プロ野球選手陳義信は、嘉義農林について、「小さい頃に地方のお年寄りから嘉義農林野球部がどのように台湾野球の奇跡を創ったのを聞いたが、それはまるで「昔話」を聞いているようだった」（「嘉義球場　阿信億難忘」『聯合報』1997.05.23）という。

　「聯合報」（1999 年 1 月 27 日）の記事でも、台湾人の野球文化は整理されないまま一部の記憶だけが保持されており、非常に残念であるとする記事が掲載されている。台湾野球の起源は、日本の植民時代の嘉義農林なのか、それとも紅葉野球部なのか、台湾人自身も疑問をもっていた。

　長い間、台湾は整備された野球文化を持っていない。残念なことに、持っているのは断片的な記憶である。嘉農の発祥地の嘉義市立野球場の入り口に野球の銅像があるが、その銅像は誰か分からない

　　　　　　　（「你聽過嘉農東征記你瞭解大郭小郭的過去」『聯合報』1999.01.27）

　さらに「聯合報」（2003 年 10 月 5 日）の記事において、「台湾野球一百年」の作家謝仕淵も小さい頃の記憶を語っている。

　コーチが「いいよ、勉強できなくても大丈夫、将来は呉波になればいい」と。呉波とはだれ？「嘉農の呉波だよ！お前たちは聞いたことがないのか？」とコー

チは言った。私はその時初めて、台湾には甲子園を出場し、優勝戦まで出た野球チームがあったことを聞いた。（中略）

　それは伝説ではなく、まさに神話だった。私は信じようとしたが、疑問は残ったままだった。それから30年間、新聞や雑誌ですこし記事が掲載されたが、その事実はいまだ整理されていない。　　　　（「站在呉波的肩膀上」『聯合報』2003.10.05）

　このように、台湾野球史上の「紅葉少棒」の記憶の一方で、嘉義農林については忘れられている。1951年から1991年までの間、紅葉野球部に関する記事は上記の記事も含めて352件あった一方で、嘉義農林に関する記事は1件しか存在しない。この時期は国民政府が反日政策をとっていた時期でもある。つまり、台湾人はその政治的流れの中で紅葉少棒については繰り返し伝説の野球チームとして語られ、これに対し嘉義農林についてはほとんど忘却されてきたと言えるだろう。台湾人の野球好きは広く知られているが、台湾人のほとんどが植民時代の野球については全く知らず、1968年の紅葉少棒を台湾野球の源流のように理解していたのである。

　植民地解放後、政府の政策に加えて台湾社会の中でも植民地時代の野球記憶について複雑な思いがあったことも想像できる。そうしたことも勘案し、嘉義農林の記事の件数と以上の記事内容の分析から、植民時代の嘉義農林に関する歴史は今の台湾人にとっての共通の記憶とはなっていないことは明らかである。

　逆に、次節に述べるように、この時期の歴史が忘却されたからこそ、魏徳聖は「中立の立場」でその歴史を再現できたとも言える。しかし、「中立の立場」で製作した映画にもかかわらず、『KANO』を観た台湾人の多くがそれを「台湾精神」だと言い、さらに元台湾総統の李登輝までも「KANO精神」は台湾の誇りだと言明した。次節で、この映画の内容を分析することで、台湾人が言う「台湾精神」とは何かも説明できるだろう。

第3節　映画『KANO』に見る新たな台湾意識

1.　魏徳聖監督について

　『KANO』の監督魏徳聖は1968年8月16日、台湾南部の台南県永康郷に生

まれた。1995 年のビデオ作品『夕顔』、1996 年『対話三部』、1997 年『夜明け前』、1998 年『七月の空』が台湾内外の映画コンテストで受賞し、日本統治時代を題材とした三部作の製作にいたる。

まず、『海角七号』（2007 年）における台湾の日常生活の内容が台湾人に共感を得て記録的な大ヒットとなり、2008 年夏の台北映画祭でグランプリと最優秀音楽賞を獲得した。さらに、霧社事件をテーマとする「セデック・バレ」（2010 年）の成功を経て、『KANO』の製作にいたった。

「嘉義農林」の映画化のきっかけについて、魏は本屋で偶然に見つけた本で1931 年の嘉義農林の甲子園大会出場を知ったと語っている。当時健在だった元嘉義農林野球部選手の蘇正生に会い、その時期の台湾社会には人種問題があったが、嘉義農林野球部には人種問題はなかったことなどの話を聞いたことでますます嘉義農林のことを撮りたいと思うようになったと語っている[20]。

多額の製作費と長い準備期間をかけて完成した『KANO』は、台湾では 2014 年 2 月 27 日に 100 館以上で公開され、メガヒットとなった。台湾の観客だけではなく、元台湾総統の李登輝も魏監督との対談で、「あなた（魏）の映画はどれも「台湾人の主体性」をうまく描いていると思う。台湾人はこの映画をみるべきだ」と絶賛した。日本では、2014 年第 9 回大阪アジアン映画祭のオープニングに上映され、2015 年 1 月から一般公開された。

2.　映画『KANO』の内容分析

『KANO』の日本での上映プログラムには、以下のように解説がある。

　　1931 年、日本統治時代の台湾から甲子園に出場し、決勝まで勝ち進んだ伝説のチームがある。嘉義農林学校野球部。KANO。それまで 1 勝もしたことのなかった弱小チームが甲子園を目指し、大人たちや他校の嘲笑をよそに予選で快進撃を始める。その陰には、かつて名門・松山商業を監督として率いた近藤兵太郎（永瀬正敏）の特訓があった。守備に長けた日本人、打撃力のある台湾人（漢人）、俊足の台湾原住民。それぞれの強みを生かし、分け隔てない指導で育てられた彼らは、ついに甲子園への切符を手にする。

　　多感な少年時代の叶わぬ恋、夢半ばに去る卒業生、厳しい生活に野球を続けることを悩む者。様々な思いを背負い、彼らは海を越える。無名の嘉義農林は甲子

園でも強豪を破り勝ち進んだ。そのひた向きなプレーは、やがて多くの観客の共感を呼び起こす。迎えた決勝戦。一球たりとも諦めない渾身の姿にスタンドから熱い声援が拡がる。「天下の嘉農、天下の嘉農」。皆が、心からのエールを送りながら、一球一球に固唾を呑み、試合の行方を見守っていた[21]。

『KANO』の場面展開

映画『KANO』において、嘉義農林野球部のストーリーと八田與一のストーリーが交錯する。黒羽夏彦は、構成上、八田與一の登場に必然性があるとは言い難いとする一方で、八田の登場について、「甲子園出場と嘉南大圳とも実現には無理と思われる難事業に本気で取り組む姿が現地台湾人の方々から共感を集めるようになった点は共通している[22]」と分析する。

嘉南大圳は、台湾で最大規模の農水施設工事であり、その建設責任者の八田與一は日本統治時代の台湾で、農業水利事業に大きな貢献をした人物として現代の台湾でも知られている。知られていない嘉義農林と知られている八田與一、この二つのストーリーが交錯する。

嘉義農林に関するストーリー展開

本ストーリー展開は大きく8つの部分に分けられる。本論の問題意識にしたがって説明していく。

①近藤監督と嘉義農林野球部の出会い
・嘉義農林は弱小チームで、相手チームは嘉義農林を相手にしなかった。
・嘉義農林の選手たちが悔しがらない様子を、近藤は黙って見ていた。
②近藤と嘉義農林の正式対面、訓練
・顧問濱田により部員全員が神社に呼び出される。「俺はお前たちを甲子園に連れていく。よろしく頼む」と自己紹介。嘉義農林野球部の厳しい訓練が始まり、次第に使命感を覚えだす。
③精鋭選手を集めチーム編成
・野球部が嘉義市内を走っているときに、マラソン部平野は先頭を走る。
・偶然練習場を通った蘇正生がテニスラケットで遠く打ち返す。
④《台風》近藤とメンバーとの気持ちの変化
・台風の夜に代表・校長・濱田たちとの宴会で、嘉義農林を蔑視する発言に対

し、近藤は反論する。

・この台風後、近藤の心に台湾の生徒たちとの絆が芽生え「甲子園に連れてい
　く」と決心する。部員たちも、自分たちの能力を見せたいという気持ちが芽
　生える。

⑤《大雨》嘉義一中との試合

　嘉義一中との対決は、大雨で試合中止により敗れるが、日本人かどうか（所
属）とは関係なく、いま何ができるか（業績）が重要というメッセージが明ら
かになる。部員たちは初めて試合に負けて悔しいという気持ちを味わう。

⑥《試合後雨の夜》監督と選手の一体感

　近藤は部員に蝋燭の光だけを見つめろと命令し、選手たちを鷹に例えて指導
する。部員はこの話を聞いて、甲子園での優勝だけを目標とする。

⑦全島大会優勝＋嘉南大圳の完工

・嘉義農林が台湾全島大会で優勝し、嘉義で優勝パレードの途中に嘉南大圳完
　成を知り、パレードを中断して用水路へ向かう。そこで八田與一に会い、激
　励を受ける。

⑧甲子園大会準優勝

・甲子園球場での取材で台湾選手への偏見に満ちた質問に、近藤は反論する。

・初戦から準決勝まで、その強さが野球ファンを魅了する。地元の嘉義では市
　民が固唾を呑んでラジオに聞き入る中、決勝では中京商に敗れる。

・嘉農の奮闘ぶりは人々に強い印象を残し、選手たちは甲子園の土を手に、船
　で台湾への帰路につく。

八田與一の描かれ方

　八田與一のストーリーの展開は5つの部分に分けられる。

①学校の授業で嘉義の農業が直面する問題を説明

　嘉義農林野球部の授業では担任の日本人教師が嘉義平原の干ばつ・塩害・洪
水問題を教える。

②学校の校外学習で嘉義農林野球部員たちが八田與一と初対面

　嘉義農林の部員たちは嘉南大圳の建設現場を見学する。そこで八田に激励さ
れる。八田は農民に「決して失望させませんから」と声をかける。

③授業で八田與一の嘉南大圳建設について説明

嘉義農林野球部の練習が順調に進むなか、嘉南大圳のすばらしさが教えられる。

④台風の夜、嘉南大圳の工事現場での事故

　嘉南大圳の工事は順調に進むが、台風直撃の夜、豪雨で建設現場が崩れる。

⑤完工

　嘉義農林野球部が甲子園を出場することが決まり、選手たちは嘉義で大歓迎を受ける。これと同時に嘉南大圳も完成する。嘉南大圳の水路に八田が現れ、嘉義農林のメンバーが優勝を報告し、八田から激励を受ける。（前項の⑦に該当）

嘉義農林と八田與一のストーリーの相互テクスト性

　1931年嘉義農林の甲子園での準優勝と、1930年に完成済みの八田與一の指導による嘉南大圳建設は歴史的には接点がなく、この設定は完全なフィクションではあるが、両者はストーリー展開で重要な要素として交錯する。

　前者は、教育とスポーツの現場で日本と台湾が支配者と被支配者の関係のなかで対立と不信感があり、それを中心として試練と葛藤の克服が繰り返し描かれ、最終的に集団の目標が達成される。そしてその達成とともに、登場人物の属性は後景に退き、達成の喜びとそれへの称賛が前景に出る。ただし、日台の支配／従属、指導／学習という関係が解消されるわけではない。

　後者のストーリーでも、八田の嘉南大圳建設が、農民の反対や台風の襲来といった試練／克服の繰り返しとして描かれ、最終的に目標達成としての完成と、農民たちからの称賛という結末に至る。ここでも、日本人技術者八田は指導者として描かれるが、日本人という属性が強調、あるいは前面に出ることはない。

　出演の永瀬正敏も『キネマ旬報』のインタビューで、「嘉義農林の快進撃と、八田が手掛けた烏山頭ダムにより台南の地が干ばつから救われる過程がシンクロして描かれている[23)]」と語っている。

台湾における八田與一の記憶

　このような2つのストーリーを同時に展開させたのはなぜか。魏監督は同時代をベースとしつつ、この土地（嘉義）と連結するために使ったとインタ

ビュー で語っている。さらに、後には「映画の内容に刺激を与えるため、ドラマティックな八田のストーリーを使っただけ[24]」とも語っている。

　八田與一は、日本人にはそれほど知られていなくとも、現代の台湾人にはほぼ知られた人物である。例えば、1951年から2013年までの63年間に、朝日新聞では26件の八田與一関係の記事が掲載されたが、台湾の聯合報では151件掲載されている[25]。台湾の新聞記事を検索すると、1997年台湾教科書に八田與一が紹介され始める以前、八田與一に関する新聞記事はわずか1件だったが、教科書発行後の1997年以後八田與一に関する記事は一気に150件に増加する。

　その教科書とは、1997年発行の中学生向け国定台湾史教科書『認識台湾　歴史編』である[26]。全11章のうち2章分を日本統治時代の歴史記述にあてている。そのなかで、児玉源太郎と八田與一の二人の日本人が個人名で登場する。児玉は1900年代初頭に警察力を拡充し、台湾島内の抗日勢力を武力制圧した総督として紹介され、八田與一は、第7章第3節「植民地経済の発展」で農業改革の指導者として紹介されている。八田與一の業績もこの頃から台湾各地でとりわけ若い世代で知られるようになったのである。

　　総督府は「農業台湾、工業日本」の政策を確立し、台湾を米と砂糖の生産地とし、積極的に農業改革事業を推進した。（中略）水利工事を行い、耕地灌漑面積を大きく増加させた。その中で最も有名なのは八田與一が設計、建造した嘉南大圳であり、灌漑面積は十五万甲に達した。
　　　　　　　　　　　　　　　　　　　　　　　　　　　（国立編訳館　2000：84）

　教科書以外でも、嘉南地域の市民は「八田之友会」を設立し、烏山頭ダムに八田の銅像が建てられた。さらに、2007年5月21日に当時の陳水扁総統は八田に対して褒章令を出し、次期総統馬英九も、2008年5月8日の烏山頭ダムでの八田の慰霊祭に参加し、八田がダム建設時に住んでいた宿舎跡地を復元・整備し「八田與一記念公園」を2011年5月8日に完成させている。

　魏の説明にしたがえば、八田與一によって10年をかけて完成した嘉南大圳建設の歴史的事実があり、すでに台湾人が尊敬している八田與一の建設のストーリーとして物語に組み込むことで、あまり知られていない「嘉農」の業績達成のストーリーを補おうとしたのである。つまり、日本人／台湾人、支配／被支配、教育／学習という関係の中にある日本統治時代の日台関係の中にある

嘉義農林のストーリーを八田與一のストーリーを通すことにより、嘉義農林の
ストーリーは差別や従属のストーリーではなく、業績達成のストーリーとなっ
たのである。

　さらに、近年の調査においても、「台湾の若者は、八田は知っているが、彼
の業績と日本の植民地支配とを結びつけて考えていない」という分析もある
[27]。こうした意識を背景として、八田與一の物語を嘉義農林に接続したとして
も、それが植民地統治の物語を強化する方向ではなく、業績達成の物語を強化
する方向に機能したと考えられるだろう。

第4節　KANO についてメディアと観客の反応

1. 『KANO』に対する肯定的な読解

　台湾の観客は、映画『KANO』をどのように評価したのであろうか。台湾
Yahoo! 映画の観客の評価内容を分析すると、少年たちの努力による業績達成
の物語を評価するコメントと、植民地時代の日台の支配／従属の関係を問う否
定的なコメントに大別される。Yahoo! 映画のレビュー評価 4.8 点／ 5 点であり、
コメント数は 976 であった。

　　我覺得這部電影除了讓我們喚起台灣棒球魂之外，原本只知道紅葉少棒的我，原
　　來還有一個更久遠、更厲害的 KANO 棒球隊，第一次在電影院涙灑的電影，提醒了
　　我們有夢就要去追！這部電影真的很讚 !! ［この映画は私たちの野球魂を熱くする。
　　その他、元々紅葉少棒しか知らなかった私がもっとすごい野球チーム「嘉義農林」
　　があったことをこの映画を観てから知った。夢があれば追う。この映画本当に良
　　かった。］（2014-03-16）

　　　　　　　　　　　　　　　　（以下のコメントは日本語訳のみを掲載する。）

　　この映画は、人は努力すれば、最終的には成功ができることを伝えた良い映画。
　　（2014-03-27）

　　非常に熱血の良い映画だ。いま、もし私は困難があったらいつも映画中の「負
　　けるのが恐れるなら、勝つ方法を考えろ」というセリフを思い出す。私は諦めな

い信念があれば、解決できない事はないと信じている。みんなもぜひこの台湾の
映画を観てみてください。（2014-03-27）

　映画を見るうちにまるでチームのメンバーと一緒に甲子園に行くようで、これ
はもう熱血だけで表現しきれない。結果がどうかは別にして、最後まで諦めない。
負けることを恐れない。KANO が本当に素晴らしい。星五つあげても足りない。
この映画は我々にスポーツマンシップを与えた。（2015-02-16）

　この映画で大事なのは、人物が諦めず、最終に大舞台に立つことだ。なぜこの
努力の精神を議論しないで、歴史問題を議論するのだろうか。たしかに植民時代
に色々不公平なことがあったが、それはこの映画の大事なことではない。人物が
蔑視され、悔しい思いをバネにする。努力して最終的に他の人に認められたこと
がこの映画の一番伝えたいことではないだろうか。（2014-03-17）

　以上、台湾観客の評価から見ると、台湾人観客は KANO 映画の歴史背景よ
りも、嘉義農林が、強い意欲をもって甲子園で決勝まで勝ち抜いたことを重視
している。観客は、業績を追及する「業績達成の物語」として『KANO』を評
価している。そしてこの点について共感、そして感動した人が多数を占めてい
る。

2.　『KANO』に対する批判的な読解

　台湾芸術大学教授の朱全斌も「就精神層面而言，這是一部能激發愛國情緒的
民族主義電影（精神面として、この映画は愛国心を呼び起こす民族主義の映画
である）[28]」と語った。しかしながら、台湾人アイデンティティが否定された
時代、台湾人は台湾人としての自己か、それとも日本人としての自己なのかは
作品では明確に示されてはいない。

　一方で、1931 年嘉義農林の甲子園出場の一年前、1930 年 10 月 27 日台湾の
台中州能高郡霧社（現在の南投県仁愛郷）で起こった台湾原住民による最大規
模の抗日暴動事件—霧社事件があった。にも関わらず、この映画では、日本建
設の素晴らしさや日本への懐古などが大きく描かれているとし、「媚日ではな
いのか」、「日本統治を美化している」などの批判も多く出されることとなった

29)
。

　以下、台湾 Yahoo! 映画のレビューの中の、少数ながらも批判的なコメントを例示する。

　媚日、台湾を売った監督。（2014-10-18）

　海角七号、セデック・バレ、KANO と、すべて日本に対する崇拝と日本植民時代を美化している。次の作品の内容は日本植民時代の残酷な面と被植民者の苦しみについて制作してほしい。（2014-03-11）

　日本語を話すし、日本に植民支配をしてほしいように思われる。私は全く見たくない。（2014-03-07）

　Yahoo! 映画のレビューの批判の他にも、親中系の大手紙『中國時報[30]』は、評論記事や専門家の寄稿記事で非難している。例えば、「台湾の主体性を侵食している」、「『セデック・バレ』を忘れたのか」などの否定的な論調が張られた。さらに、台湾側の親中派メディア『中時電子報[31]』（中國時報のデジタル版）からの批判の声がとりわけ大きかった。

　とくに中時電子報の 2014 年 1 月 10 日の記事は映画を厳しく批判している。その内容は、映画の中で描かれた文化的アイデンティティが複雑で認められないという批判や、さらに『KANO』は巧妙に野球チームの一生懸命な姿と日本の建設の素晴らしさを同一視しているといった批判である。さらに映画の日本植民時代の描き方に対して、もし植民時代がそんなに素晴らしかったのなら、1930 年の霧社事件はなぜ起こったのかとの疑問も示されている。そして、八田與一建設の嘉南大圳についての批判は、ダムは日本の経済利益、日本人に台湾の米を食べさせるために作られたのだというものである。

　さらに、親中派新党青年委員会主席の王炳忠は香港紙『亜洲週刊』に「KANOの皇民化史観を拒絶する」という論評を寄稿し、以下のように『KANO』を批判している。

　　魏德聖の映画『KANO』は、日本統治時代の嘉農野球部を通じて『台湾精神』を

説いているが、この精神には皇民化史観が隠されており、これが台湾の主体性を腐食している。台湾人は己の根っこが中華民族にあることをはっきり認め、自己を見失わないようにすべきである。（中略）

　嘉農の甲子園準優勝は、霧社事件が起きてから時間がたっておらず、統治当局が『原住民融和』宣伝に利用したにすぎない。魏徳聖が描いた「文明の衝突」（前作の『セデック・バレ』のテーマ）から「共栄達成」（『KANO』のテーマ）への論述は、完全に日本植民政策を踏襲したものだ。（中略）

　魏徳聖は1930年代の台湾を「麗しの時代」としている「本土派」である。しかし、その「麗しの時代」の背後には、日本による40年にわたる血なまぐさい鎮圧があった。1895年に日本軍は台湾に上陸後、台湾人の激しい抵抗を受けて、各所で残酷な虐殺を行った。…わが故郷の台南・佳里は屍でおおわれ、全台湾人の1%が難をこうむった[32]。

　以上のように、漢人、原住民、日本人の混合チーム自体が日本植民政策の宣伝だったという批判もあったが、あくまでそれらの批判の声は親中派のメディアと政治家に多く、台湾の一般民衆の意見とはならなかった。

3.　台湾にとっての『KANO』の意味

　その他の反応としては、映画を見た台湾プロ野球の周思齊選手は「泣いた！本当に有意義な映画だ。改めて野球について考えさせられ、闘志と元気が湧いてきた[33]」と語ったという。さらに劇中の「勝つと思うな、負けないことを考えろ」、「負けを恐れるな、勝つ方法を考えろ」などが感動を呼び、名セリフとしてインターネット上に拡散したという現象もあった。

　ジャーナリストの福島香織によれば、台湾の観客の反応としては、「野球の物語」であることに尽きるとする。背景には日本の統治であったが、魏が言うように、当時の日本を美化しているわけではない。「ただ悪く描いていないだけ」という映画を応援する声も出ているとする[34]。さらに福島は、「それは台湾の状況を反映しており、今の台湾人の中でも自らのアイデンティティを漢人、原住民そして日本統治時代の影響の融合によって形成されてきたことで、日本統治と中華意識の再考を強調し、KANOがなぜこんなに人気なのか、答えは台湾アイデンティティというものか、今の台湾人にもっとも問われている

テーマである[35]」と論じている。

　2015 年 1 月 30 日「NHK ニュース・ウォッチ 9」においても、台湾人にインタビューし、「日本と台湾の歴史を受けとめたうえで、日本を恨まない、逆にそれは昔のことだし、恨み続けていてもきりがない、今がいいならばそれでいい。現在、そして未来に目を向けていかなければならない[36]」という回答を引き出している。さらに、魏監督に対するインタビューで、台湾人が日本を憎まない理由については、台湾の歴史にあるとする。彼によれば、日本以外にオランダ・清朝・国民党と台湾の統治者が頻繁に変わってきた。そのため、台湾の人たちは複雑な気持ちをずっと抱えて生きてきたのである。いつか安心して暮らせる日が来てほしい、そう願い続けた経験が関係しているとする。

　魏監督は 1952 年に生まれ、その時期の台湾は国民党が統治していた。学校では反日教育があり、家では祖父母が時々日本語で話し、小さい頃から日本を愛すべきなのか憎むべきかと揺れながらいろいろと複雑な思考を形成してきた過程があると述べている[37]。

　さらに、台湾と日本の関係について、『すばる』（2014 年 5 月号）の中で魏徳聖と中沢新一の対談において、「台湾と台湾人に対する日本人の感情には、植民地支配をした国というだけではない、特別なものがあります[38]」と中沢は述べるが、日本の一部であるかつての台湾植民地政策を賛美する考えを肯定しているわけではない。

　先の福島も論じたように、魏は日本の植民地時代を賛美しているわけではなく、多くの『KANO』のファンも、そう考えているわけではない。植民地時代の台湾人のあり方に感動したに過ぎないのである。

おわりに

　本稿では、2008 年以後の台湾の自己意識の変化にまず注目した。1988 年李登輝の国民党政権から 2000 年陳水扁の民進党政権への政権交代、そしてまた 2008 年馬英九の国民政権への交代があった。特に 2008 年また国民党政権への政権移転により、台湾人はますます自分の存在と意識に注目しつつある。このような台湾人が自身のアイデンティティに関心をもちだした 2008 年に、台湾ローカルな生活を繊細に描いた魏徳聖の映画『海角七号』が公開され、一挙に

台湾映画の興行収入 5.3 億の 1 位に輝き、社会現象ともなった。本稿の研究対象とした 2014 年公開した魏徳聖の第三作『KANO』も台湾で 2014 年の 2 月と 9 月に二度の上映で大ヒットし、台湾人の観客たちの「まさに台湾精神」「最悪な媚日映画」という二つの極端な反応を生み出した。

　嘉義農林の歴史に着目し、一つ目の発見としては、嘉義農林が国民党政府の反日政策によって忘却され、その代わりに 1968 年の紅葉少棒の日本チームの勝利が野球に関わる台湾人の共通記憶となり、伝説の野球チームと呼ばれるようになっていたことである。その一方で、嘉義農林は忘却されていたため、嘉義農林について「白紙」の立場の台湾人に対し、魏監督もまた同様に『KANO』において歴史的な先入観なくして、「白紙」の立場で「中立」的に再現することができた。

　二つ目には、台湾人観客が『KANO』についてまさに「台湾精神」や「諦めない精神」などと評価したが、嘉義農林の記憶が、戦後の政治情勢によって共通の記憶とならなかったからこそ、2015 年の段階で嘉義農林のストーリーを『中立的』な立場で観ることができたのである。従って、その立場で観た感想は、今の台湾人が自らの台湾意識として最も思っていることそのものであった。映画について観客はストーリーだけに注目し、映画の背景である日本植民時代や人種とは関係なく、映画のストーリーに感動したということはまさにそれである。

　さらに、映画の中で台湾人が知っている八田與一のストーリー構造が嘉義農林のストーリー構造と対照組となったことで、巧妙に相互に投影することができた。業績を重視した八田與一と嘉義農林が甲子園で準優勝を果たした業績、今の台湾人も映画内容のように人種と帰属関係を超えて、台湾以前の各統治時代の人種や階級や省籍関係を超えて、一つとなった台湾がいま「何ができる」かと、いままで「何ができた」という「業績」を世間に、そしてこの世界に伝えたいという気持であった。

　さらにもう一つ発見を加えるならば、何義麟 [39)] が言うように、台湾人は、これまで歴史的に様々な曲折を経た日本という対象を自由に「消費」することができるようになった。その結果が、魏監督の一連の作品への反応だったのである。台湾の若者たちの歴史意識やナショナル・アイデンティティの問題に縛られずに日本の文化、特にサブカルチャーの部分を吸収し、自分たちの文化を

創造できるようになったといえるだろう。日本の統治時代を描き、一部に日本の植民地政策の是非を問う議論もある中、魏監督も多くの台湾の観客も、それらを超えた台湾人自身の歴史と業績を文化商品として「消費」したといってもいいだろう。

【注】

1) 黄俊傑（臼井進訳）『台湾意識と台湾文化』東宝書房、2008 年、4-34 頁
2) 伊藤潔『台湾―四百年の歴史と展望』中公新書、1993 年、浅713和生『台湾の歴史と日台関係―古代から馬英九政権まで』早稲田出版、2010 年
3) 蔡錦堂「日本統治時代と国民党統治時代に跨って生きた台湾人の日本観」、五十嵐真子・三尾裕子編『戦後台湾における〈日本〉』風響社、2006 年、19-60 頁。李衣雲「実像と虚像の衝突―戦後台湾における日本人イメージの再上昇の意味、1945-1949」『情報学研究　東京大学大学院情報学環紀要』第 69 号、2005 年、137-159 頁
4) 荘静怡・李美枝「台湾地区的族群認同與對日態度」『本土心理學研究』二十期、2003 年、105-135 頁
5) 薄木秀夫『「反日」と「親日」のはざま：韓国・台湾からみた日本』東洋経済新報社、1997 年
6) 五十嵐暁郎「「ジャパナイゼーション」とは何か」、五十嵐暁郎編、『変容するアジアと日本：アジア社会に浸透する日本のポピュラーカルチャー』世織書房、1998 年
7) 岩淵功一「文化の無臭性　それともアジアンモダニティーの芳香」、五十嵐暁郎編、同上書
8) 李丁讃、陳兆勇星電視與國族想像：以衛視中文台的日劇為觀察對象』『新聞學研究』第 56 集、1998 年、9-34 頁
9) 林ひふみ「台湾映画『海角七号』を読み解く」『明治大学教養論集』452 号、2010 年、79-119 頁
10) 何義麟「本田新史氏「歴史認識とメディア表象―NHK スペシャル『海角七号』の比較から―」へのコメント」『現代台湾研究』37 巻、2007 年、96-98 頁
11) 台灣棒球維基館 http://twbsball.dils.tku.edu.tw/wiki/index.php/%E5%98%89%E7%BE%A9%E8%BE%B2%E6%9E%97%E6%A3%92%E7%90%83%E9%9A%8
12) 聯合知識庫 https://udndata.com/、新聞知識庫 https://newspaper.nlpi.edu.tw/
13) Taiwan 花東縦谷國家風景區 http://www.erv-nsa.gov.tw/user/Article.aspx?Lang=3&SNo=03000147
14) 王惠民「紅葉的故事」（「民生報」1994-03-01）
15) 孫鍵政「三箭定天山・七戦一棒打　霜葉紅於二月花　看球棒揮灑・嘆出神入化」（「聯合報」1968 年 8 月 26 日）
16) 高逸群「重振三級棒球的雄風―東臺小將一棒響滿山紅葉壓垂楊」、張敬果主編『中華民國少年、青少年、青年棒球發展史實』臺北：作者獨立出版、1983 年、22、35 頁
17) 台灣國家圖書館 https://www.ncl.edu.tw/
18) 黃國洲『正港的棒球原鄉在嘉義』『民報文化雜誌』2014 年 11 月 4 日
19) 金龍少棒隊：台中金龍少棒隊、台湾の少年野球のチーム。1969 年台湾で選ばれた「中華少棒代表チーム」である。初めて参戦したアジア少年野球の試合で優勝。そのあとに「台中金龍少棒隊」の名前で、遠東区の代表としてアメリカの第 23 回リトルリーグ・ワールドシリーズに出場し優勝した。台湾の「三級野球」（少年野球・青少年野球・青年野球）の先駆けとなった。
20) 新唐人電視台、老外看台湾、2014-10-30（老外專訪：KANO 監製魏德聖｜老外看台灣｜郝毅

博 Ben Hedges｜新唐人電視台）https://youtu.be/OVQL8SAwMoM

21）映画 KANO ホームページ http://kano1931.com/

22）黒羽夏彦台湾専門ブログ「ふぉるもさん・ぷろむなあど」http://formosanpromenade.blog.jp/archives/414269.html

23）「「KANO 〜 1931 海の向こうの甲子園〜」インタビュー「永瀬正敏　映画の力を信じている」、対談「ウェイ・ダーション［プロデューサー］×マー・ジーシアン［監督］あきらめないこころ」『キネマ旬報』（1635）2015 年 2 月上旬号

24）【魏德聖 x 鈕承澤】Q1：誰是賣國賊？誰是殉道者？https://youtu.be/LITTnhs2pFM

25）朝日新聞記事データベース「聞蔵 II ビジュアル」http://database.asahi.com/library2/、新聞知識庫 http://newspaper.nlpi.edu.tw

26）胎中千鶴『植民地台湾を語るといこと　八田與一の「物語」を読み解く』風響社、2007 年。教科書内容の引用も本書に依る。

27）武長玄次郎「台湾若者の八田與一認識—国立聯合大学学生のアンケート調査より」技術史教育学会誌、2018 年

28）商業週刊、影評：KANO 只贏在愛國主義的 KANO、2014 年 3 月 12 日

29）【魏德聖 x 鈕承澤】Q12：觀眾提問 - 兩位的片子歷史觀點是否偏頗？https://www.youtube.com/watch?v=JcxTzROu6Rs&index=12&list=PLDPe2ztr7PND9ljdjmnKVCeWyikVtYwxs

30）中國時報、台湾で発行される繁体字中国語の日刊新聞。現在本社は台北市万華区に位置し、「聯合報」、「自由時報」、「蘋果日報」と並び「四大報（四大紙）」と称され、台湾を代表する新聞としての地位を確立している。そのデジタル版は「中時電子報」である。

31）中時電子報は中國時報のデジタル版である

32）『亞洲週刊』第 28 巻、第 12 期、2014 年 3 月 30 日。https://www.yzzk.com/cfm/content_archive.cfm?id=1395288636206&docissue=2014-12

33）中央社「KANO 引熱血　首週票房冠軍」、2014 年 3 月 3 日。http://www.chinatimes.com/real-timenews/20140303005006-260404

34）日経ビジネス、「映画『KANO』と台湾アイデンティティ話題作が問う「日本統治」と「中華意識」再考、2014-04-09。http://business.nikkeibp.co.jp/article/world/20140407/262517/?P=1

35）同上

36）NHK「ニュースウオッチ 9」、NHK、2015-01-30。https://www.youtube.com/watch?v=OUP5sOVR0Xk

37）同上

38）「『高い視点』で結び友情　映画『KANO』をめぐって」『すばる』2014 年 5 月号、234-244 頁

39）何義麟（2007 年）前掲論文、96-98 頁

第7章

中国スポーツ体制改革の葛藤
―田亮の「ナショナルチーム除名事件」の事例から―

王　篠卉

はじめに

　田^{ティエンリャン}亮はナショナルチームに所属する男子高飛び込みの選手であり、中国の「挙国体制」で育てられた「国家的英雄」でもあった。中国では、「改革開放」政策の結果、「挙国体制」と対峙しうる新たなスポーツ市場の空間が生まれ、サッカー、バスケットボールなどの人気種目ではプロ化が進み、所属選手がほぼ自由にスポーツビジネスの市場に進出するようになり、海外流出の例も見られるようになった。「国家的英雄」であった田亮もスポーツにおけるビジネス市場へ進出し、多数の商業活動に携わった。優れた競技成績、人間としての魅力、容姿とも優れた田亮はスターのようにメディアに取り上げられ、それまでの「国家的英雄」にとどまらず「大衆的スター」としても賞賛を浴びるようになった。ところが、2005年1月26日、国家体育総局が田亮をナショナルチームから除名するという事件が起こった。

　ナショナルチームに所属するトップクラスの選手が現役中に除名されるという事件は、スポーツ市場化改革が実施された後、初めて起こった大きな出来事である。しかし、この「除名事件」は決して偶然に起きたものではない。本稿では、この事件を過渡期にある中国スポーツ改革の現状を象徴する最も典型的な出来事であると考えて取り上げ、中国のスポーツ界における「国家的英雄」が、「改革開放」政策の開始後、市場拡大の影響により「大衆的スター」に転身する過程を分析するとともに、田亮の「除名事件」の新聞報道を比較・検討することから、これまでの中国のスポーツ改革の実態を把握し、現在の中国社

会において「除名事件」がもつ象徴的な意味を提示する。

第1節　田亮の「除名事件」

　田亮は 1979 年中国の重慶に生まれ、1986 年に「重慶市青少年第一業余体校」の高飛び込みチームに選ばれ、高飛び込みの練習を始めた[1]。その後、彼は 1993 年に 14 歳で中国高飛び込みのナショナルチームに選ばれ、国内外で開催されるほとんどの高飛び込みの競技大会で優秀な成績をおさめた[2]。また、彼は 2000 年シドニーで開催されたオリンピックで金・銀メダルを、2004 年アテネオリンピックで金・銅メダルを獲得し、中国における高飛び込み界のエースとなった（表1）。さらに、田亮は競技成績の優秀さに加え、容姿、人間としての魅力ともに優れた特性を備えていたため、中国ではスポーツ界の「プリンス」と呼ばれ、国民の中で絶大な人気を誇っていた［読売新聞，2004.2.11］。

表1　田亮の主な成績

年数	大会名（開催地）	種目	成績
1997	中国全国運動会（上海市）	10M 高飛び込み	銀
1998	世界選手権（パース）	10M 高飛び込み	銀
		シンクロナイズド 10M 高飛び込み	金
1999	FINA ワールドカップ（ウェリントン）	10M 高飛び込み	金
		シンクロナイズド 10M 高飛び込み	金
2000	オリンピック大会（シドニー）	10M 高飛び込み	金
		シンクロナイズド 10M 高飛び込み	銀
	FINA ワールドカップ（シドニー）	10M 高飛び込み	金
		シンクロナイズド 10M 高飛び込み	金
2001	世界選手権（福岡）	10M 高飛び込み	金
		シンクロナイズド 10M 高飛び込み	金
	中国全国運動会（広東省）	10M 高飛び込み	金
2002	FINA ワールドカップ（セビリア）	10M 高飛び込み	金
		シンクロナイズド 10M 高飛び込み	金
2003	世界選手権（バルセロナ）	10M 高飛び込み	銅
		シンクロナイズド 10M 高飛び込み	銅
2004	オリンピック大会（アテネ）	10M 高飛び込み	銅
		シンクロナイズド 10M 高飛び込み	金
	FINA ワールドカップ（アテネ）	10M 高飛び込み	金
		シンクロナイズド 10M 高飛び込み	金
2005	中国全国運動会（江蘇省）	10M 高飛び込み	金

　田亮はアテネオリンピックの終了後、自身の肉体疲労を理由に半年間の休養（身体調整）を要請し、管理機構である「中国スポーツ水泳管理センター」は彼の要求を受け入れた。そのため、彼は 2004 年の 10 月 31 日から始まった高飛び込みチームの冬季合宿には参加しなかった。しかし、肉体疲労を理由に休養をとっていたにもかかわらず、田亮はその間に大きなイベントや商業活動に無断で 30 回以上携わり、そこで得られた収入のほとんどを自分のものにした。表 2 はその一部を示したものである。さらに、田亮は個人のマネージャーを置き、香港の大手プロダクションである EEG と契約を結び、芸能界にも進出する動きも見せ、その上、今後の自分の海外における宣伝の権利を EEG に委託するという噂も流れたことから、芸能人並に騒ぎ立てられた [4]。

表 2　アテネオリンピック終了後、田亮が参加した商業活動の一覧 [5]

日付	場所	商業活動の内容
9 月	香港	〈中国人の誇り―オリンピック金メダリスト大出演〉
	マカオ	〈オリンピックエリート濠江生出演〉
	新圳	祝賀イベント
	広州	ショッピングセンターが主催したイベント
	西安	祝賀大会
	上海	LV 開店パーティー
	上海	ヒューゴボス中国開業十周年記念イベント
	上海	F1 オフィシャルディナーショー・シューマッハ歓迎パーティー
	無錫	デパートのオープンイベント
10 月	上海	NBA 観戦
	マカオ	リスボアでの抽選イベント
	重慶	不動産会社が行ったイベント
	北京	〈上品中国―ピエールカルダン風采盛典〉受賞イベント 〈上品スポーツ選手賞〉を受賞
11 月	西安	車会社が行ったジープ授与式
	香港	西武百貨店のテープカット式
	上海	ダイヤモンド販売店の開店イベント
	昆明	〈李寧 スターバレーボールチームの全国巡回試合〉でのサイン会
	上海	ショッピングサイトのイベント
	上海	〈MTV ミュージック盛典〉
	上海	電子メーカーの開店イベント
12 月	香港	香港テレビ局 TVB のチャリティー番組
	広州	飛び込みオリンピック金メダリストの記念パーティー
1 月	香港	〈香港チャイニーズソングトップ 10〉受賞式
	北京	マレーシアの自然災害を支援するチャリティーショー
	マレーシア	個人写真集の撮影

このような田亮の活動を受け、国家体育総局は、田亮の行為がナショナルチームの規則に違反するという判定を下した。ナショナルチームの規則は、国家体育総局が1996年にとりまとめた『広告等の商業活動に従事する現役スポーツ選手の管理強化に関する通知』（以下、『通知』と略称）、および1998年に追加され『広告等の商業活動に従事する現役スポーツ選手の管理強化に関する通知追伸』（以下、『追伸』と略称）の二つによって定められている[6]。この二つの規則は商業活動に従事する現役スポーツ選手の行動基準として現在も用いられている。『通知』には、「現役スポーツ選手は無形資産として国家に属する。そのため、現役スポーツ選手は必ず組織の許可を得たうえで、広告などの商業活動を行わなければならない。（中略）現役スポーツ選手が個人の人気および名声で商業活動などに参与することはこの無形資産を十分に開発させ、祖国に報い、わが国のスポーツ事業にさらに貢献することを意味する」と書かれているように、現役スポーツ選手は「国家の資産」として扱われることが明記されている[7]。ここで言及されている「商業活動」とは、国家の管理下において行われるものであり、選手の愛国心および国家への忠誠心を高めるもの、あるいは国家の権威を象徴するものでもある。

　また、『追伸』によれば、選手の商業活動で得られた収入の配分は、「収入の70％以上は選手、監督およびその他の功労者の奨励金として配分する。それ以外は、該当する競技団体の発展資金として用いる」と定められている。

　上記の規則に照らし合わせると、田亮が官庁の許可を得ずに多数の商業活動に携わり、得られた収入を自分で独占する行為は、明らかに規則違反である。また、国家体育総局は、田亮が個人のマネージャーを置くことに対して、2005年1月19日の『北京青年報』紙上で、「スポーツ選手はすべて国家で育てられたので、商業活動に携わる場合、各競技協会の管理に従い、協会内の関連機構または協会から権限を与えられた機構で行わなければならない[8]。選手が自分だけの判断でそのような行動をとるのは許されない。水泳競技協会は田亮の個人マネージャーをもちろん認めない」と批判を加えた。

　スポーツ選手は国家に育てられているため、国家は選手を管理し、統合する一方、選手は国家に帰属する。このような国家と選手の関係は、かつての中国競技スポーツ体制である「挙国体制」の時代において制定されており、現在の中国競技スポーツでは、プロ化が進んでいない多くの種目に存在する。以下で

は中国におけるスポーツの「挙国体制」について整理を行う。

第2節　中国のスポーツ政策と「国家的英雄」

　中国共産党がリードした社会主義国家として、中国は1949年に成立した。当時中国社会では、国家権力が、すべて重要な社会資源を独占し、社会全体の構造を構築するのである。黒田は、近代国民国家の形成について、「同一国家内において、様々な民族や階級が単一のナショナルアイデンティティをもっともリアルなものとしてもつ過程が国民国家形成の過程であるし、国家は、その形成に全力を傾ける」と指摘する[9]。ところで、中国はナショナルアイデンティティを具現化するためにスポーツを重要な手段として用いてきた。国家はスポーツに対して「競技力を絶えずに向上させ、オリンピックを勝ち取る」という方針を定め、中でもオリンピック大会を舞台として、国家が育てた中国人選手の活躍を全国民が共有し、その共通の記憶を持つものとしての「中国人」アイデンティティが形成されることを目指した[10]。このように、ほかの国々と違い、中国は「挙国体制」というスポーツ政策を採用し、国家がアマチュア体育学校から、ナショナルチームまでのピラミッド型のシステムを構築し、エリート選手の育成に努めてきた。さらに、選手たちの心理的・経済的不安を除去するため、国家は政府予算の多くを選手に提供し、国際大会でメダルを獲得した選手に対して多額の報奨金も与えてきた。中国では、世界大会で常に高い成績をおさめる選手たちを「国家的英雄」と呼んでいる。彼らは選手としての成績が極めて優れ、自分の個性を抑え、かつ、人間として国家に忠実であり、国家に服従するという道徳的属性をもつ人々である。彼らは国家の社会的価値観の化身ともいえる理想的な「中国人」であった。

　以上に述べてきたように、「改革開放」前の中国では、スポーツは完全に国家の政治的な文脈の中に取り込まれており、スポーツ選手も「国家的英雄」として共産党のリードする社会主義国家の形成に重要な役割を果たした。

第3節　中国の「改革開放」とスポーツ市場の形成

　1978年以降の中国では、鄧小平の指導の下、「改革開放」が国家全土で開始

され、計画経済の下で閉鎖された中国社会に市場のメカニズムが導入されてきた。かつては国家が政治・経済のすべてをコントロールしていたが、改革開放以降、市場が社会における資源の配分の役割を担うようになり、その割合がますます拡大していった[11]。このように、国家と社会の関係は従来の重複したものから徐々に分離し始めるようになり、中国社会に社会的にも経済的にも大きな変革が引き起こされてきた。

　スポーツの世界においては、単に競技スポーツのレベルの向上を追求する政策から、スポーツの大衆化、産業化、商業化を同時に推進する方向に変化してきた。スポーツは従来の国家福祉から第 3 次産業として位置づけられ、ビジネスチャンスとして消費文化に組み込まれるようになった[12]。また、1990 年代に入ると、一部の市場的価値の高い競技種目においてプロリーグ戦が発足し、1994 年のサッカーをはじめ、バスケットボールなどのメジャー種目で相次いでリーグ戦が開催されるようになった。各テレビ局はリーグ戦を中継し、スポーツの試合および選手は「見世物」のように各家庭に運ばれ、「見るスポーツ」が中国に定着し、人気を博すようになった[13]。

　各プロスポーツ協会は、先進国のモデルを導入することでリーグの発展を推し進め、ここ十数年を経て、リーグの運営は国家の干渉を受けることが少なくなってきたため、スポーツ界における政治的色彩は薄くなっていった。また、プロ選手たちの自由度も比較的高くなり、彼らは競技以外の分野に進出し、経済的にも独立した自立性を持ち始めた。たとえば、NBA に進出した姚明は、4年間で約 1,800 万ドル（約 20 億円）の契約で 2002 年から NBA にデビューして以来、グラウンドで活躍するだけでなく、「巨大な広告塔」としても世界で注目を浴びた。彼は独自で 6 人の専門家からなる国際的な事務所「姚の隊」を持ち、中国以外にも、リーボック、ペプシコーラ、マクドナルドなどの海外の企業とスポンサー契約を結び、「中国スポーツの顔」と言われるほどまでにスポーツ選手としての商品価値を高めている。プロ化が進んだバスケットボール協会は姚明に対して開放的な環境を整え、姚明が中国および海外のビジネス市場へ進出する際に重要な役割を果たした[14]。また、サッカー選手においても、ナショナルチームのメンバーたちは、2001 年にサッカーワールドカップの本選進出を決めた直後、多数の CM や祝賀セレモニーに携わり、彼らは国家体育総局からの許可を得ることなく、すべて個人の名義で企業と交渉し、契約を結

んだ［南方週末，2005.2.2］[15]。サッカーAリーグに所属する祝海東<ruby>祝海東<rt>ハオハイドン</rt></ruby>は、現役中に「大連沿海グループ」を創設し、2001年経営難に陥った親クラブを援助するため、会社の名義で1年間800万元（約1億2,000万円）の契約で親チームのスポンサーとなった［南方週末，2003.10.23］。これらの出来事は、中国においてサッカーのプロ化改革が進み、選手の自由度の向上およびビジネス市場への進出を何よりも物語っている。

　さらに、メディアと結び付く選手の中には、あたかもスターのように振舞う人たちも数多くいた。2002年にサッカーナショナルチームの監督であるボラ・ミルティノビッチはチームメンバーの範志毅<ruby>範志毅<rt>ファンチュイー</rt></ruby>、楊晨<ruby>楊晨<rt>ヤンチェン</rt></ruby>などを率い、サッカー選手の生活を語るテレビドラマ『壮志雄心』に出演した［北京青年報，2002.6.13］。これに対して国家体育総局からの抵抗はほとんど見られなかった。

　このように、中国における改革開放の導入の結果、一部のメジャースポーツは、「挙国体制」に束縛されることなく、そこに所属する選手たちも商業スポーツのコンテンツとして市場経済に取り込まれるようになった。国家のスポーツに対する直接的な干渉が減少し、スポーツ市場における経済の自主性を容認した結果、スポーツビジネスの空間が生まれるようになった。これはまさにスポーツ体制改革の成果として挙げられる。

　また、90年代末からこれまでビジネス市場と一線を画したメジャースポーツ以外の各競技協会においても、国家の指示に従って独立採算制の動きが始まり、これによって、選手は国家の許可を得て規則の限度の下、スポーツ事業および競技団体の運営資金に貢献するという名目であれば、商業活動への進出が許可されるようになった[16]。前述した『通知』および『追伸』は、この背景の中で公布された。

第4節　田亮にみる「国家的英雄」像の変容

　スポーツ選手がビジネスの世界に進出するにつれ、メディアによって彼らにスターのイメージが付与されるようになった。鈴木は、このような状況を「スポーツが見るスポーツとしてファッション化された現代においては、もう古典的な意味合いでのヒーローとはまったく異なったヒーローが大量生産され始めてきたわけです。つまり、メディアへの露出度が高いほどヒーロー（スター）

に近づく道ができてしまいました。（中略）人間味を持たせ、ドラマがあり、というところが、まさにスポーツヒーローなのかもしれません」と指摘している[17]。

田亮がビジネス市場に進出するにともない、メディアは人々の注意を惹きつけるように彼のスポーツ選手以外の情報を多く報じるようになり、彼のそれまで持っていたイメージを別様に作り変えた。たとえば、2004年11月15日の『北京青年週刊』は、田亮のチームメートである郭晶晶（グォジンジン）との関係について、「田亮と郭晶晶が初めて語った、私たちは仲むつまじいカップルです」という見出しを雑誌の表紙に掲載し、二人の関係をチームメートではなく恋人として伝えていた[18]。さらに、以下に示すように、二人の名前に対して、新聞メディアは「亮晶晶」という言葉を創り、これが非常に流行した[19]。

　　2000年シドニーオリンピックで五枚の金メダルを獲得したナショナル高飛び込みチームは香港で行われた祝賀会に参加した。その直後、香港の新聞に興味深い見出しが現れてきた―「亮晶晶」。香港のジャーナリストたちはプロの直感で田亮選手と郭晶晶選手が持っているスターとしての大きな潜在力を感じた。（中略）換言すれば、「亮晶晶」の間に存在している感情は「友情」であるか、それとも「愛情」であるか。（中略）もし「友情」であれば、それはかなり深いと考えられるが、もし「愛情」であれば、それは非常に浅いだろう［北京青年報, 2005.1.24］。

この報道では「スターとしての大きな潜在力」、「友情」、「愛情」などの言葉で二人の人間味およびチームメート以上の関係が強調され、読者の関心を惹きつけようとしていた。

また、「亮晶晶」に関する報道について、次のような記事も掲載された。

　　Googleで「亮晶晶」というフレーズを検索してみれば、754,000件の結果が表示される。あるポータルサイトには「亮晶晶」の動きを追跡する専門ページまで開いてある。さらに、最近成都で行われた第10回〈全国運動会〉[20]の高飛び込み予選試合さえ『『亮晶晶』の蓉城[21]相会」とメディアに大げさに報道された。（中略）メディアは「亮晶晶」に持っている興味はすでに高飛び込みそのものをはるかに超えている。「亮晶晶」という言葉はもともと若さと光にあふれるというイメージ

を示すが、今ではゴシップネタをあらわすフレーズになっている

［北京日報[22]，2005.9.28］。

　この記事は、メディアが田亮と郭晶晶の関係をセンセーショナルに報道する現状を批判するものである。メディアはかつての「国家的英雄」とまったく違う意味で、田亮および郭晶晶を有名人もしくはスターのように取り上げている。これ以外にも、田亮の芸能界に進出する情報もメディアが多く取り上げている。

　田亮の香港大手プロダクション EEG との契約の細部について、『北京青年報』は「除名事件」の起こる直前の 2005 年 1 月 5 日に、「（芸能活動を行う場合）常に高飛び込みが優先されるが、（中略）今後の 3 年のうち、3 本の海外広告に出演すること、そして、彼が主演者となる 3 本の映画を撮影することを EEG は保証した」と報じている。

　また、2001 年になると、田亮の人気はさらに高まり、彼はメディアから「中国テレビスポーツ大賞」の「年度最優秀男性アスリート賞」を受賞した。当時の状況について、田亮は自伝で次のように語る。

　同年度（2001 年）にぼくは〈中国テレビスポーツ大賞〉の〈年度最優秀男性アスリート賞〉も受賞した。授賞式でぼくは次のように評価された。「田亮選手は新しい高飛び込みのプリンスであり、中国男子高飛び込みを率いる人物でもある。未熟者であった 1996 年アトランタオリンピックから、無敵となる 2002 年セビリアワールドカップまで、彼は 10 メートルの高飛び込み台とプールの間で人々を感動させる数多くの伝説を残した。完璧なパフォーマンスはすべての人を驚かせ、明るい笑顔はすべての人を引き付ける。彼は中国高飛び込みの輝かしい時代を開いた」[23]。

　「未熟者」から「無敵」までの「人々を感動させる伝説」は、田亮の成功に辿りつくまでの努力を賞賛している。また、「完璧なパフォーマンス」は彼の才能、「明るい笑顔」は彼の人間的魅力を称えている。最後に、「高飛び込みの輝かしい時代を開いた」も加えられている。メディアは現在の中国社会において認められている田亮の資質に光を当て、視聴者の感動を喚起することで田亮

の人間としての魅力を伝えようとする。

　したがって、国家は商業スポーツにおいて生まれた「スポーツ選手の商業活動への携わり」という要素だけを取り出し、「挙国体制」のメカニズムに取り入れてきた。その結果、国家は、挙国体制の管理下にあるスポーツ選手をビジネス市場に進出させ、各競技協会の運営収入を増やすという経済的なメリットを追い求めるが、それと同時に、政治的な側面では「挙国体制」の象徴となるスポーツ選手の「国家的英雄」像のゆらぎは許容しない。

　しかし、上述してきたような「商業活動」が「挙国体制」の枠組みにはめ込まれる過程で、スポーツ選手のイメージは市場の要求に沿う形で新たに創り上げられ、かつての「国家的英雄」像は崩れ、「挙国体制」と「商業活動」との間に軋轢が生じてきている。田亮の除名事件は、このような現代中国における社会背景の下で発生した。

第5節　「除名事件」に関する社会的評価

　田亮の「除名事件」は中国社会に大きな波紋を呼び、各新聞メディアもこの事件を大々的に報道した。ここでは、除名される1週間前の1月19日から、1週間後の2月2日までの期間における2つの新聞を取り上げ、この出来事がどのように報道されていたのかを比較・分析する[24]。

　まず、中国で発行部数が最も多く、中国共産党の唯一の機関紙である『人民日報』では、「除名事件」が3回にわたって報道された[25]。田亮の除名に関して『人民日報』は、国家体育総局を支持する立場から彼を非難する論調であった。2005年1月24日の『人民日報』では、「（前略）現役のナショナル選手でありながら、多数の商業活動にひそかに携わり、常軌を逸する……」という記事が掲載されている。国家体育総局による田亮批判の中心は、国家の許可を得ていないにもかかわらず、「多数の商業活動」に「ひそかに」携わるという点にあった。ただし、今回のように選手が休暇中に商業活動に携わる場合には、どのように対処すべきかを明文化した規則は現在も存在していない。国家体育総局は規則の不備をさしおいて、「常軌を逸する」という理由で田亮を除名している。これは『人民日報』および国家が期待する「国家的英雄」像であり、経済活動よりも国家への忠誠を優先すべきだというかつての考え方が表明され

たものだと考えられる。さらに、次のような記事も掲載された。

　（前略）競技でよい成績を修めるつもりがないうえに、スポーツ選手の身分を借りて自分を売り込もうとするのは、まったく不遜な考え方だ……。

[人民日報，2005.1.24]

　（前略）ナショナルチームの一員であるということは最高の肩書きである。田はこのことをはっきり承知し、ナショナルチーム復帰への願望を繰り返し表明しているものの、彼の本当の動機は疑わしい……。　　　　　　　　[人民日報，2005.1.27]

　この二本の記事からは、田亮がスポーツ選手の肩書きを借りて商業活動をするのは自分を売り込もうという考え方をもっているからであり、また、彼がナショナルチーム復帰への希望を繰り返し表明する理由は、ナショナルチームの一員であることが自らの商業活動を成功させるうえで、最高の肩書きになることを本人がはっきり理解しているからだということを読み取ることができる。「まったく不遜な考え方」、「本当の動機は疑わしい」という言葉で田亮を悪い見本として読者に印象づけており、『人民日報』の田亮に対する評価は、これまでの「国家的英雄」とまったく正反対となっている。田亮の一連の行動は国家的英雄の「裏切り者」であるというのが、『人民日報』の立場である。
　一方、北京でもっとも発行部数が多い非政府系新聞（都市報）であり、比較的に市民の声を代表している新聞とされる『北京晩報』は、田亮の商業活動の携わりおよび「除名事件」について、4回にわたって報道していた。報道では、田亮を非難する論調は見られなかった[26]。

　田亮選手は中国ナショナルチームにビジネスの「黄金時代」を開いた。（中略）個人としての価値を重要視する当代の優秀なスポーツ選手をどのように管理し、指導すべきか。これは確実に新しい情勢におけるスポーツ管理に新たな課題を提起したのである。　　　　　　　　　　　　　　　　　　　　[北京晩報，2005.1.27]

　この記事に見られるように、『北京晩報』は「個人としての価値を重要視する当代の優秀なスポーツ選手」という言葉で田亮を評価している。また、急速

な社会変化が引き起こした現在の状況に対して、管理者はいかに対応すべきか、という今後の課題も提起している。

　また、田亮がナショナルチームから除名された直後、上海でCMの撮影に参加したという情報がメディアによって報道された。これに対して、次のような田亮を支持する記事が掲載された。

　　田亮が上海へCMを撮影に行くことについて、田の代わりに陝西省体育局は事実を明らかにした。「これは陝西省水泳センターおよび陝西省体育局が慎重に考えた上で、決めたのだ。田はナショナルチームを除名されたが、私たちは信用を守らないといけない。（筆者注：企業との契約は去年10月にすでに結んだものなので、）田は約束を果たすべき」と陝西省体育局局長李明華が言った。

[北京晩報，2005.2.2]

　国家体育総局は、田亮をナショナルチームから除名した後、彼を地方の陝西省チームに帰らせた。上海でCMの撮影を受けたことについて、陝西省体育局局長が田亮を支持する考えを表明していることが報道されている。

　その後、『人民日報』は田亮を報道しなくなるが、『北京晩報』は継続して報道を続けている。次の記事は、「除名事件」が発生してからおよそ1年後、2006年1月4日の『北京晩報』に掲載されたものである。

　「挙国体制」において、国家は選手の養成に関わるすべての資源を負担する。この点から考えれば、現行の分配制度は合理的である。だが、現在の環境の中で、競技成績も良く、他の分野で活躍する能力も持っている田亮のような選手に対して、従来の利益分配制度を用い、彼らを束縛したら、問題が起こるかもしれない。スポーツが発展すると、スポーツ選手が市場に進出することは避けられない問題である。田亮選手はまさにこの微妙なところに直面したのである。これによって、次の問題が国家体育総局に提起された。つまり、いかに時代とともに進み、新たな発展に順応するように体制を改革するかということである。

[北京晩報，2006.1.4]

この記事からは、まず、「競技成績もよく、他の分野で活躍する能力も持っ

ている」という書き方で、事件の直後と同じように『北京晩報』は田亮を肯定的に評価していることがわかる。また、この事件のもつ社会的意義および新しい時代にあたって、中国競技スポーツの抱えている問題についても分析を加え、体制改革を進める提案もされている。

　以上のように、かつて田亮を「国家的英雄」として持ち上げた『人民日報』は、「除名事件」を境に田亮に対する評価がまったく正反対となり、国家の期待に反する田亮を明らかに批判している。一方、『北京晩報』は田亮が国家から見放された後でも、彼を支持する立場で事件を報道していた。また、『北京晩報』の報道では、現在および今後に対する「除名事件」の意義についても強調されていた。国家および国家体育総局を代弁する『人民日報』と世論の声を反映する『北京晩報』を比較すると、田亮に対する対応が異なっていたといえるだろう。

第6節　結論―中国スポーツ改革における「除名事件」の意義

　橋本は、スポーツにおけるヒーロー像について、「ヒーローはそれぞれの時代や社会を象徴する価値を体現し、大衆の想い描くファンタジーを代理的に現実化している。人々のアイデンティティの核を形成しているのはファンタジーや願望である。スポーツに纏わる様々なナラティヴ（物語）や神話はファンタジーや願望を必要とし、スポーツ選手はそれをかなえる時、ヒーローとして崇拝され、期待を裏切った時、しばしばスケープゴートとして貶められる」と指摘している[27]。ここに如実に示されているように、大衆の持っているファンタジーや願望をかなえるということが、それぞれの時代や社会におけるスポーツヒーローになるための条件である。

　図1は、中国におけるスポーツヒーロー像の形成を、改革開放が導入される以前およびその以降に分けて図示したものである。最後にこの図を用いて、「除名事件」の意義を論じる。

　図1における左側の《A領域》は、改革開放が導入される以前の「挙国体制」の中国をあらわしている。「挙国体制」下では、「国家」はすべての資源を統制し、田亮のようなオリンピック金メダリストたちを育成した。「国家」は人々（＝人民）のファンタジーや願望を統合するために、メディア（図中「メディ

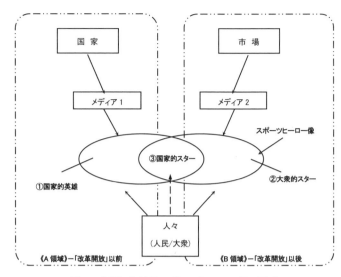

図1　中国におけるスポーツヒーロー像の形成

ア1」）を通して彼らを「国家的英雄」像として形作り、「国家」がリードする
社会主義の発展を推し進めてきた。

　しかし、「改革開放」以降、スポーツ市場が「挙国体制」の内部で生まれ、
スポーツ環境が大きく変容するようになった（図中右側《B領域》）。このよう
な状況において、スポーツ「市場」では人々（＝大衆）は自分のファンタジー
や願望にしたがって、時代にふさわしいヒーロー、すなわち「大衆的スター」
を求めることが可能となってきた。「国家的英雄」としての田亮は国家から除
名された後、『人民日報』（「メディア1」に相当する）は田亮を批判的に取り
上げたが、大衆の声を反映する『北京晩報』（「メディア2」に相当する）は彼
を支持する立場で事件を報道し、彼を人々のファンタジーや願望を満たす「大
衆的スター」のように扱った。

　中国は2008年北京オリンピック大会の開催国としての権利を手にした。そ
れはこれまでの自国における高度経済成長の成果を、スポーツを通じて世界に
誇示する最も重要な舞台であると考えられる。国家は、オリンピックにおいて
優れた成績を収めるために、重点種目に関わるトップレベルの選手たちを集結
させて鍛え上げるとともに、オリンピックに参加するスポーツ選手に「国家的
英雄」像への同一化を求めることが想定される。また、田亮の事例で取り上げ

てきたように、彼は国家の設けた規則に従わず、メジャースポーツ選手のように自らの意思で商業活動に進出し、そこで得られた利益を国家に還元する行動も取らなかった。田亮はすでにメディアによって従来の「国家的英雄」像から「大衆的スター」に作り変えられていた。彼はもはや国家の期待する「国家的英雄」像からはかけ離れたものとなってしまったのである。そのため、「国家」は「国家的英雄」像から逸脱した田亮を、それまでの中国における「挙国体制」を挑発するものと判断し、彼をナショナルチームから排除した。

　ところが、スポーツ市場が拡大し、「国家」の統制が漸次的に衰退しつつある現状では、今後国家が「国家的英雄」であるスポーツ選手に統制をかけようとしても、彼らの「市場」への流出は止まらなくなるという事態が起きうる。このような変化に直面した国家は統制を強化するため、かつての「挙国体制」下の「国家的英雄」像と、スポーツ市場が生み出した「大衆的スター」を融合させた、一種の妥協の産物としての、いわば「国家的スター」を形成するシステムを構築しなければならなくなる可能性がある。(図中③「国家的スター」を示す)。事実、2006 年 8 月 1 日の新聞記事では、2008 年のオリンピックの高飛び込みの予選に向けて、高飛び込みチームの監督・周継紅が田亮の参加を認める発言をしている。

　　私たちは来年にオリンピックの予選を行う予定である。われわれは公平、公正、公開の原則に基づいて選手を選び出す。すばらしい競技レベルを発揮すれば、田を含むすべての選手はみんな勝利を獲得するチャンスがある。[28]

　　　　　　　　　　　　　　　　　[捜狐(SOHU)スポーツニュース, 2006.8.1]

　これはまさに、ナショナルチームから除名された田亮にチームに復帰するチャンスを提供する出来事であり、また、今後中国社会において妥協の産物としての「国家的スター」が登場する兆しだとも言える[29]。

　本稿で取り上げた「除名事件」は中国スポーツ体制改革の軋轢を示すものであるが、それは同時にスポーツの分野を越え、過渡期にある中国社会全体の軋轢を反映した事例であったと考えられる。

　本稿は、『スポーツ社会学研究』15 巻、2007 年、39-51 頁に掲載された論文を再掲したものである。

【注】

1) 「業余」とはアマチュアの意味であり、「重慶市青少年第一業余体校」は重慶市の青少年向けのアマチュア体育学校である。

2) 田亮『最亮的十米』作家出版社、2006 年、1-49 頁

3) FINA 国際水泳連盟のサイト「飛び込み選手の略歴―田亮」(http://www.fina.org/bios/archives/bio_Liang.html, 2006.8.13 確認)、「HistoFINA Volume VII/ Tome VII」(http://www.fina.org/pdf%20files/histoFina/HistoFINA_VII.pdf, 2006.8.13 確認)および中国水泳協会のサイト：「飛び込み空中英雄―田亮」(http://swimming.sport.org.cn/ts, 2006.8.13 確認)から筆者が作成した。

4) この段落は『北京日報』および『北京晩報』の記事［2005.1.27］を参考に取りまとめた。

5) 田亮に関する新聞記事、ポータルサイトである捜狐(SOHU)のスポーツニュース(http://sports.sohu.com)により筆者が作成した。

6) 国家体育総局のサイト「広告等の商業活動に従事する現役スポーツ選手の管理強化に関する通知」(http://www.sport.org.cn/ziliaochaxun/chanye/2004-11-23/399720.html, 2006.8.15 確認)により訳文を作成した。

7) 本稿における中国語文献の日本語訳はすべて筆者によるものである。

8) 『北京青年報』は 1949 年に創刊され、共青団北京市委が主催する機関紙であり、2003 年の年間総合発行部数は 22,104 万部である。中国新聞改革に従って、1992 年から「企業型」の経営を導入し、2001 年に「北京青年報グループ」が創設される。機関紙、市民紙、週刊誌およびウェブサイトを有する総合的なメディアグループとなっている。また本稿における新聞資料は、中国社会科学院新聞研究所『中国新聞年鑑』中国社会科学出版社 1990 年、中国新聞年鑑社『中国新聞年鑑』中国新聞年鑑社 2005 年を用いている。

9) 黒田勇「ヨーロッパにおける文化的アイデンティティとマス・メディア(1)」大阪経済大学編『大阪経大論集』47(6) 1997 年、328 頁

10) 梁暁龍・鮑明暁・張林『挙国体制』人民体育出版社、2006 年、19 頁

11) 王威海(長田洋司訳)「中国における社会構造の変遷と社会流動―改革開放以降を中心として―」王元編著『中国の文化と近代化』白帝社、2006 年、85 頁

12) 劉忠・王芬・鄭基松『市場経済与体育』北京体育大学出版社、2000 年、250 頁

13) 谷世権編著『中国体育史』北京体育大学出版社、2004 年、371-372 頁

14) 姚明については『毎日新聞』［2004.7.22］および『新営銷』［2004.10］の記事を参考にした。

15) 『南方週末』は「南方日報報業グループ」(1998 年に創設)に所属し、全国の主な都市に発行する週刊新聞である。

16) 独立採算制とは、従来のようにすべて国家予算で各種目の競技団体を賄うのではなく、各競技団体が企業スポンサーなどの方法で、独自に運営資金を稼ぎ出し、自立を達成するという運営方式である。

17) 鈴木守・山本理人編著『スポーツ／メディア／ジェンダー』道和書院、2001 年、54 頁

18) 『北京青年週刊』は「北京青年報業グループ」に属し、北京で販売される普通市民向けの人気週刊誌である。

19) 「亮晶晶」とは田亮の名前の「亮」と、チームメートである女性の郭晶晶の名前の「晶晶」から組み合った言葉で、きらきらして輝くという意味である。

20) 「中国運動会」とは中国における最大の競技スポーツイベントである。第 1 回の大会は 1959 年に開催された。1975 年の第 3 回大会以後、4 年毎に開催されるようになった。

21) 「蓉城」とは「成都」という都市の別名であり、四川省の省都でもある。

22) 『北京日報』は 1952 年に創刊し、北京で販売する北京市政府の機関紙であり、「北京日報報業グループ」に所属している。2004 年の年間発行部数は 10,950 万部である。

23）田亮前掲書（2006）109 頁

24）この部分に取り上げた二つの新聞は『人民日報』および『北京晩報』である。『人民日報』
　　は 1948 年に創刊した中国共産党の機関紙であり、全国で発行する唯一の機関紙でもある。
　　2004 年の年間総合発行部数は 68,033 万部である。一方、『北京晩報』は 1958 年に創刊し、北
　　京で発行する代表的な市民紙であり、「北京日報報業グループ」に所属している。2004 年の
　　年間総合発行部数は 32,850 万部である。『人民日報』は共産党の「喉元」と位置づけられ、
　　主として党の支持に従って「世論誘導」の役割を果たすため、その報道が党に厳しく指導・
　　統制されている。これに対して、市民紙としての『北京晩報』は主として情報伝達および娯
　　楽などの面において機関紙の機能を補強するため、その内容は市民の立場に応じ、情報サー
　　ビスなどを行う余地が大きいということである［唐亮『変貌する中国政治―漸進路線と民主
　　化』東京大学出版会、2001 年、90 頁］。

25）1 月 19 日から 2 月 2 日までの期間中、『人民日報』は 1 月 20 日、1 月 24 日および 1 月 27 日
　　に 3 回をわたって「除名事件」を報道した。

26）1 月 19 日から 2 月 2 日までの期間中、『北京晩報』は 1 月 20 日、1 月 27 日、1 月 29 および 2
　　月 2 日に 4 回にわたって「除名事件」を報道した。

27）橋本純一編『現代メディアスポーツ論』世界思想社、2002 年、267 頁

28）捜狐のスポーツニュース（http://sports.sohu.com/20060801/n244551467.html, 2006.8.13 確認）に
　　より訳文を作成した。捜狐（SOHU）は中国三大ポータルサイトの一つであり（他の二つは
　　新浪（SINA）および網易（NETEASE）、1988 年に創立された。2008 年北京オリンピックのオ
　　フィシャルスポンサーとしても注目されている。

29）さらに、中国におけるスポーツ改革今後の行方を展望してみると、瀬戸際に立つ国家は、「市
　　場」と衝突するそれまでの「国家（中国共産党）」を脱却し、より高い次元から「中国（中
　　国共産党）」として統合することを目指し、図 1 における「メディア 1」と「メディア 2」の
　　双方の特性を併せ持つ新たなメディア報道（いわば「メディア 3」のようなもの）を通して「国
　　家的スター」像を強化し、「大衆」を支配する可能性があると考えられる。

第8章

〈対談〉「スポーツ実況」とは何か

山本浩×黒田勇

　本章では、編者の一人である黒田勇が、長く NHK のスポーツアナウンサーとして活躍した山本浩氏（現法政大学スポーツ健康学部教授）に、「あるべきスポーツ実況とは」との疑問をぶつけることで、山本浩氏の私論的「スポーツ実況論」を明らかにしようとする対談である。

スポーツアナウンサーになる経緯

黒田　本日はありがとうございます。もう古いお付き合いとなりましたが、今日のお話のきっかけとして、山本浩さんがスポーツアナウンサーになる経緯について、お話をお願いできますか。

山本　1976 年の 6 月に研修が終わって、それで各地に散ったんですね。私の時代は女性 2 人の男性 11 人なんですけど、当時 NHK は、男性の新人アナウンサーにスポーツが必須なんです。というのも、高校野球が受信料と結びついた非常に大事なコンテンツですし、ローカル放送ではラジオを使って喋るっていう手立てしかない。高校野球は放送権料を取らないので放送局の負担がないわけです。私は福島だったのですが、県内が広くて高校の数が多い。夏にラジオで高校野球の放送をやってくれると、多くの職員は夏休みを取ることができるんですよ。ですからそれぞれの県域放送局が高校野球を熱心にやったと思います。

　新人の 11 人がみんなスポーツアナウンサーになりたいわけではないのですが、最初に高校野球で味をしめると、「俺はやっぱりスポーツに」といったことが出てきます。私は元々オーケストラでトランペットをやっていて、最初は

NHKでクラシック番組でもやろうと思って入ったのですが、福島で高校野球中継をやらせてみたら、こいつ使えるなということだったんでしょうね。

　なおかつ研修と称して、東北全6県のアナウンサーを集めて、そこに川上哲治さんなんかが来て勉強会をやるわけです。終わったら川上さんを囲んでみんなで飲んで長嶋茂雄さんのことを聞いたりするわけですね。そして、川上さんと一緒に温泉にも入れる。普通では体験できないことですし、スポーツはいいぞって感じになったのかもしれません。我々の同期でもスポーツを志していないのに、結局長くスポーツをやっていたのが半分近くいたでしょうね。

黒田　なるほど、若い時に大物と接触するのは刺激が大きかったでしょうね。川上哲治さんだけでなく鶴岡一人さんや藤田元司さんなどがNHKで解説を務めていました。民放の解説に比べていわゆる重鎮というか、そういう人が多かったですよね。基本的にだいたい皆さん監督になったり、その後戻ってきたりしています。NHKが解説者を選ぶ基準などはあったのでしょうか。

山本　NHKの場合、正式な解説者だと年俸があるんですよ。1年間単位で、あまりに安い金額でしたけど。それとは別に、1回ごとの出演料が少し出ます。それが民放に行くと、いきなり一桁違うギャラなんですね。でも、NHKの解説者になると地方へ行ったときに自治体からも講演依頼とかがすごく多い。解説者の方々っていうと、放送に出る印象が強いのですが、それだけじゃなくてNHKの解説だということでいろんなところから声がかかり、それによる収入やプライドをくすぐられることがあるわけですよ。

　解説者としての採用ということになると、昔は選手、指導者としての実績、知名度などを考慮していました。同時にバランスをすごく大事にしていましたから、現役時代のポジションが偏らないようにしていましたね。リーグが偏らないということも大事でした。もう一つは、大阪が推薦してくる解説者を東京は頭ごなしに断れないっていうのがあるんです。やっぱり野球は大阪、甲子園から始まったってとこだと思いますけど、野球については、関西のエネルギーがすごく強かったですね。阪急の上田利治さんや山田久志さんにも大変お世話になりました。

黒田　かつては在阪球団も多かったですからね。後の話にも繋がっていますが、今の野球解説では藤川球児さんの解説って素晴らしいですよね。一球ごとに投げるべき球種やコースを予想して、さらにその結果についても的確に解説していきます。あの人は NHK と民放の両方に出ていますが、彼のような上手い解説がやはりいいのか、それとも上手すぎる解説はアナウンサー泣かせなのか。どっちなんでしょう。アナウンサーの立場から、解説者の良し悪しはどこで決まるのでしょうか。

山本　アナウンサーの経験によってずいぶん違うものですね。それで解説者も対応が変わってきますから。例えばサッカーの木村和司さんは若いアナウンサーだとあまり喋らなくなるんですよ。一方で、経験のある気心の知れた者が出てくると、聞かれなくても喋るみたいなところがあります。

　アナウンサーの仕事として、視聴者にはあまり見えてこないものの一つに時間コントロールがあります。例えば、あと 3 分でニュースが入るから、そこで切り替えることができるように調整する。そうした仕事はなかなか解説者ではできませんね。

黒田　なるほど、そういうタイムキーピングまで藤川球児さんが考え出すと、せっかくの彼の持っている情報っていうのが遅くなったり軽くなったりしますね。

山本　アナウンサーと解説者はそれぞれの役割を持っていて、アナウンサーはとぼけて解説者に聞いたりできるわけですよ。それは一人ではできません。視聴者の立場に立って質問するという役割の人が、日本の放送では必要だと思われてきた気がします。

スポーツ実況の歴史

黒田　ちょっと歴史的な話になりますが、初の野球放送といわれている実況中継は大阪放送局の魚谷忠アナウンサーによるもので 1927（昭和 2）年 8 月に行われました。そこから昭和 10 年代ぐらいまでの実況中継の音源がいくつか残っ

ています。それを聞くと、今から見ると下手ですよね。その一方で、松内則三アナウンサーの「神宮球場にカラスが二羽、三羽…」という名調子も有名ですね。ラジオによって「語り」の新しい文化、娯楽が生まれたとよく言われます。野球中継というよりも野球に関しての「語り」の娯楽が生まれたと書いている人もいますが、テレビになると、また違う語りになるのか、連続的にあるものなのか、どうなのでしょうか。

山本　1960年代に活躍した岡田実さん、鈴木文弥さん辺りが境目かもしれません。皆さんも指摘されていますが、経験があって名の通った人たちはラジオに固執してテレビに来たがらなかったんですよ。テレビに来た人たちもテレビ的な放送とは何かを探りながらやるんですが、依然としてラジオの語り口が残っている状況でした。

　1980年代にハイビジョンの実験放送が行われていた際に、もうすっかりテレビに慣れていた当時のベテランアナウンサーたちは「おい山本、見えるから喋るなよ」っていうんですよね。ラジオからテレビになったときに言われたセリフとよく似ているんですが、この時に映像があるときに喋らないことが本当に正しいのかを改めて考えました。何を喋って、何を喋らないのかというのは、そのときの、そのシーンの映像の温度というか、緊急度というか、そういうものに影響を受けます。それがわからないまま、昔はとにかくその目の前で起こっていることを言語で伝えることが放送だと思っていました。

黒田　岡田実さんと鈴木文弥さんの名前が上がりましたが、いかにもラジオの名調子という実況でしたよね。東京オリンピックのときに、鈴木さんがラジオ中継を担当されて、その話を何回か伺ったことがあります。たしか、市川崑監督の『東京オリンピック』（東宝、1965年）の開会式のシーンは鈴木文弥さんの声で、ラジオ中継の声が入っているんですよね。

　また、昔の話に戻って申し訳ないのですが、1932年のロサンゼルス五輪における「実感放送」が有名ですね。スタジアムでの競技の様子をメモした後に、スタジオで今見ているかのように語った放送のことですが、実は1920年代にアメリカで行われていたラジオ中継もほとんどは「実感放送」で、目前に現場はなく、原稿を読んでいるんですよね。これは、要するに実況者がリスナーを

「騙して」いるのですが、喋りがうまければ、まさに「語り」の娯楽として成立したんですね。

山本　今と全然違うのは、リスナーのスポーツの理解度、それから、発せられる言葉のタームの持っている袋の小ささですね。そう考えると、ごく当たり前のわかりやすい言葉でリズミカルに言ってくれた方がウケは良かったんだと思います。それこそ今、年配の人がパソコン用語を、若い人からバーッと言われても分からない。当時、ラジオを聞く人たちの多くがお金のある人で、それなりに年齢が高かった時代です。わかりやすい単語じゃないと通らなかったのではと思います。

実況風ナレーション

黒田　現代でも、昔の「実感放送」的なものがあります。例えば、サンデーモーニング（TBS）のスポーツコーナー。野球をはじめ1週間のスポーツを振り返るのですが、映像の中に後撮りの実況風アナウンスを挿れている場合があります。喋っているアナウンサーは当然、結果が分かっていますから、生放送の実況にある緊張感は消えているんですよね。

山本　あれは実況風ナレーションなんです。多くの日本人が「スポーツ放送の実況は、ああいうトーンでなければいけない」と思い込んでいるんですよ。例えば、僕がスタジオに呼ばれて、ここでエアホッケーの実況をしてくれといわれても、プロとしてやれば「打った」「決まった」ぐらいしか言いませんよとなりますね。

　でも多くの人は、実況風の語りがあれば、「血湧き肉躍るような感情」を聞いている人に起こさせると思っています。だから安易にそういうものを要求してくるのでしょうね。スポーツを楽しむ人の何割かはスポーツの奥深さではなくて、軽い実況風のナレーションで味付けしてほしいということなんでしょう。

黒田　スポーツをメディアで楽しむ側のリテラシーが成熟していると思いま

す。「実況」と「実況風」の違いが判るスポーツ好きな人は、逆にイライラするのではないでしょうか。後の話にも繋がるのですが、地上波では初心者にものを言うような解説と蘊蓄があって、生放送のスポーツが有する本質を提供する実況にはなっていない。このことに不満があるのですがその一方で、誰もが見る地上波では仕方がないのかもしれませんね。

マラドーナの「神の手ゴール」

黒田 山本さんと語る場合、触れないでいられないものが、マラドーナについての実況ですね。

　余談になりますが、1995年に在外研究でスコットランドのスターリング大学に一年間滞在しました。その時、元イングランド代表キャプテンだったテリーブッチャーと親しくなったのです。彼は1986年メキシコW杯準決勝のイングランド対アルゼンチン戦にキャプテンとして出場し、マラドーナのあの「5人抜きシュート」の際はドリブルで「見事に」抜かれています。その前の「神の手ゴール」も目の前で目撃し、審判に抗議していました。

　それから9年経って、彼は大学近くで小さなホテルを経営していたのですが、マラドーナをどう思うかと聞くと、"He was the worst man I'd ever seen, but he was the best player I'd ever played against（あいつは俺が今までに会った最悪の人間だが、今まで対戦した最高のプレーヤーだ）" というようなことを言っていました。この話を『サッカーマガジン』に送ったら喜ぶだろうと思って、確かFAXで送りました。でも全然反応がなくって、帰国後聞くと「あなたが手紙を送る半年ぐらい前にテリーブッチャーはその話を英国メディアで喋っていたので、世界中が知っている」と言われました（笑）。

　ところで、その「神の手ゴール」はどうでしたか。あの時のビデオを見ると、山本さんも解説の岡野俊一郎さんもイングランドの抗議に少し触れましたが、何となく済ませてしまったように思いました。

山本 見えないですよ。まったく見えない。こっちはてっきりヘディングだと思っていましたから。「これに文句をつけているイングランドの方がさすが曲者だな」みたいな感じでした。それで岡野さんに聞いても「ハンドだ、ノーゴー

ルでしょう」とは返ってこない。我々が座っていた放送席は非常に遠い場所でしたからね。私など、マラドーナの能力を過信していたところもあると思います。

『メキシコの青い空　実況席のサッカー20年』（新潮社、2007年）にも書きましたけど、そのときに確かBBCのプロデューサーらしき男が各席をまわって、手の甲を盛んに叩いて、手で入れたというわけです。私は、喋りながら変なやつが何か手を叩いてくるなと思って、悔しいからいちゃもんを付けているとしか見えなかったですね。

黒田　あの時、山本さんは30代ですか。W杯は当然デビューですね。前年1985年のアジア予選で、日本はあと一歩というところまで行きました。そのうえ、衛星放送も始まり、またマラドーナのほか、プラティニやジーコなどのスターの名前もあったのか、日本でもワールドカップの認知が急速に高まった大会でした。

山本　33歳ですね。デビューです。よく行かせたなと思いますよね。ほかには、水野節彦さん。当時、全52試合のうちの32試合を現地から放送するので、水野さんとちょうど半分ずつにして、わたしは16試合を担当しました。一人あたりの担当試合数が、今ではありえないぐらい多いんですよ。当時はまだBSの試験放送だったので、質が悪くてもいいからナマを大事にして出すといった感じで。出場国の情報もほとんど集められなかったので、結構きつかったですね。

黒田　これも余談ですけど、スコットランド対ソ連戦でスコットランドのストラカンがシュートを決めて、そしてサポーター席に走っていくんですよね。手前に看板があったんですけど、彼は小さな選手だったので飛び越えられなかった。だから片足だけ上げてそのまま帰ってくる。このシーンは大晦日になると、スコットランドではgood memoryとしてよく放送されています。

山本　あのときはアルゼンチンが金をもらってキャメルの看板を跳んだんです。だから大会の途中で、FIFAの組織委員会から看板を跳んだらイエローが

出るという話が出た。跳ばなかった理由はそれかもしれないですよ。

黒田　ストラカンが小さいから飛べずに足を上げただけで戻った、という笑い話でスコットランド人はみんな大好きなシーンなんです。でも、そうした事情があったのかもしれませんね。

山本　スポンサーといえば、当時キヤノンが雇って、ボディコンの超ミニの可愛い子たちがスターティングメンバーを配りに来ていました。スタジアムの観客席や放送席の周りをうろうろするので、私たちも下手すると放送どころじゃなかったですね（笑）

「マラドーナ、マラドーナ、…」

黒田　それはそれで山本さんの good memory ですね。
　マラドーナの実況について改めて確認しておきたいのですが、あの5人抜きのシュートについて、ワールドカップの歴史に残るドリブルとゴールでしたが、山本さんの実況も放送史上で歴史に残るものになっています。「マラドーナ、マラドーナ、マラドーナ、来たー、マラドーナ」ですが、他の言葉ではなく、なぜ、あの言葉だったのですか。

山本　いや考えて言っていません。言わされているっていう状況だったんですね。「言わされている」というのは、例えば、ホームランを実況するアナウンサーのほとんどが、「ホームラン」以外の言葉はその瞬間には出ない。ホームランと確認した後にはいろんなことを言いますが、その瞬間は、よほどのことがない限りはホームランという一言で終わる。「行ったか、行ったか」って言いながら、そこに収束しますよね。同じような感じです。つまり、その瞬間の状況に言わされているのですよ。
　これはもう入った頃からうるさく言われてきたことなんです。まだスポーツのアナウンサーをやるつもりがない頃に、スポーツアナウンサーが我々のところに来て、2日間か3日間教えて帰っていく。そのときに口酸っぱく言われたのが「即時描写」「同時性」でした。黒田さんの言うシンクロですよ。

　新人のころから、本当にとことん言われました。先輩アナウンサーが来ても、東京のベテランアナウンサーが来ても、いつも言うのは、「遅れるな」ということです。これがなくなったら価値がないと。

黒田　それはもう、スポーツアナウンサーの基本なんですね。

山本　基本のキです。あるアナウンサーは言葉も抑揚も素晴らしいんですけど、あいつは遅いから駄目って言われていました。0.2秒ぐらい遅いとか、確認して喋っているのか、といった批判が先輩からくるのですよ。

黒田　今やっとわかりました。私はこれも失礼な話なんだけど、山本さんもまだ若かったし、いろんな表現がないからマラドーナしか言葉に出なかったのではと少し思っていました。でもそれが最高だったんですよね。

山本　今やっても多分マラドーナしか言えないんじゃないかと思います。

黒田　でも、普通のアナウンサーならいろんなことを言いたがるでしょうね。「マラドーナ…」が有名ですが、山本さんの「来たーっ」というのも私は好きですね。フランスW杯の決勝で、ジダンがヘディングで決めたときの「きたー、ジダン」というのは感動的でした。いまは他のアナウンサーも使っているかもしれないですが、山本さんの発明でしょ。

山本　どうなんでしょうか。私は代表の試合とか、自分の大事な試合のときには「向こう側へ攻めて行く」のではなく、「こっちへ攻めてくる」感覚で喋りたかったんです。それにおそらく、私はアルゼンチン贔屓だったんだろうと思います。マラドーナの現地取材はすごくしていたんですよ。イングランドは取材に行っても愛想がなかったですね。アルゼンチンは相当いい加減で、マラドーナがひょいと来てサインをしてくれたり。

　ジダンの実況にしても、やっぱりフランスに寄っていたと思います。完全にイーブンに見てはいない。

黒田　そうでしたか。私はその「来た」っていう言葉を違うニュアンスで受け取っていましたが、今わかりました。というのも、画面を見ていていると、ボールがゴール前に来て、画面でもまさにジダンが画面外から「来た」っていう感じがして。そう思っていたのですが、少し違う意味もあったんですね。

山本　僕は「行った」という言葉が遠くに行ってしまう感じがして、あまり使わないんですよ。「行った」というのはボールをふかしたシュートとかですね。やっぱりマラドーナやジダンのシーンは「来た」なんですよね。

ジョホールバルの歓喜

黒田　さて、フランスW杯のアジア予選、いわゆる「ジョホールバルの歓喜」もここで触れておきましょう。ジョホールバルのことは山本さんも書かれているし、他の人から言われることも多いと思います。これが実は、私が山本さんと知り合うきっかけの話なんですよ。

山本　ナショナリズムっていうね。私もいつの間に、祭り上げられちゃったと思ったんですけどね。

黒田　祭り上げたきっかけは私かもしれません。
　日本が勝って初めてW杯の本戦出場を決めたイランとの試合。2対2で90分が終了し、延長戦に入っていくのですが、そこで山本さんが「このピッチの上、円陣を組んで今散った日本代表は、私たちにとっては『彼ら』ではありません。これは、『私たちそのもの』です」と語ります。
　この実況を、私がフジテレビの『アウラ』という雑誌で取り上げました。これはおそらく準備していたであろう言葉で、「私たちそのもの」という表現は、スポーツ中継における「包摂と排除」を表現している、といった感じで。そしたら偶然2ヶ月後にNHKの『放送文化』で、「思わずあの言葉を言った」と山本さんが書きました。あの時は、私の記事への反論かと思いました。
　その後、日本マス・コミュニケーション学会（現日本メディア学会）のワークショップに出席してくださいと連絡をしました。改めてお聞きしますが、一

応、なんとなく準備していたんですか。

山本 全然です。全く準備していませんでした。あの円陣を見たときに熱くなってきて。円陣を組み始めたときに、これは言わんといかんとメラメラっと言葉が出てきました。松木さんが長い解説をしていたので、終わった瞬間にしゃべるのですが、その時には円陣がバラけてしまっているんですよ。だから、松木さんもうやめてよって思っていました（笑）。

黒田 山本さんの言った「私たち」と「彼ら」という対比は、もともとは英国の議論で使用されていました。私も「メディアの権力作用」とでもいう議論でよく使っていた概念です。この二項対立的な概念は批判的に使われます。だけどやはり、チームスポーツは必然的に「我々」と「彼ら」ですよね。「彼ら」を意図して排除するわけではないのですが、やっぱり「我々」として日本代表チームと視聴者をつなげたというか、「包摂」した歴史的なコメントです。でもどうしてその言葉になったのでしょうか。

山本 私が多く実況をやってきた競技、例えば野球にしても陸上競技にしても、みんな「私」個人のニュアンスが強いんですよ、「私たち」じゃない。それで、私たちみたいなものがこの壁を乗り越えるっていう感覚、これはやはりその 4 年前に W 杯の本戦出場を逃した「ドーハの悲劇」がなければ出てこなかったと思います。

　そうすると、今ここでみんなが応援しているのは、選手たちと一体になっているサッカー関係者、そしてサッカーファンの思い、そうしたものの積み重ねから「私たち」しかないという気持ちは多分あったと思います。ドーハのときにはそんなことを思いつきませんでしたものね。

黒田 確かに、あのときには悲壮感の一方で、世界へ向けての希望といったものを反映していましたね。また、サッカーで世界の扉を開いていくときに「私たち」日本サッカーという意識を持っているのかもしれません。だからこそ、視聴者やサッカーファンとあの「私たち」という言葉がシンクロしたと思うんですよね。

学会のワークショップでこの話をされたとき、ある種、「私たち」への応援の言葉が大事なんだと話されていて、それに対し、出席者の中から、「NHKはもっと中立で、そういう国家的な視点はおかしい」という声もありました。理論的にはわかります。NHKは公共放送であって国営ではないんだとか。ただ、「私たち」という共同性は様々にありますし、私たち＝国家だけではありませんね。まして、スポーツでの応援を国家主義と直接結びつけるのはどうなのかと私も思っていました。冷静にスポーツそのものを見ている人も確かにいるでしょうが、やはり、ほとんどの人が、「私たち」サイドを応援して見る。私はバランスの問題だと思いますが、どう思われますか。

山本　ジョホールバルのあの状況は、それまで繰り返し負ける試合を放送しながら、ようやく高い石垣の上に中指1本かかっているという状況だったと思います。しかもその状態をよく知っている人たちが私の周りにたくさんいるんですね。これで、原理原則、平等に、冷静に、といった実況はとてもできないですよ。原理原則というものも、その現場に来たときの温度とか環境とかの影響を受けます。それらを振り払って、透明感などを想像するというのはとてもできない自分がいたという感じがしました。

黒田　大きな壁、高い壁に指がね。その時の「熱」が思い出されますね。その「熱」を批判する人も、また期待する人もいるのがスポーツ実況なのかもしれません。そういえば、2015年のラグビーW杯イングランド大会での南アフリカ戦のとき、豊原謙二郎さんは、NHKのアナウンサーにしては珍しく叫んでいましたね。
　あれもずっと極端な応援実況ばかりをしていたら、多分みんな嫌気がさすのでしょうが、最後の瞬間に「行けーッ」と叫んでいるのは、さっきの言葉で言うと、ラグビー関係者や遠く日本で見ている視聴者とシンクロしていたのですね。

山本　1988年のソウルオリンピック、100m背泳ぎに出場した鈴木大地選手は最後にアメリカのバーコフと競り合って金メダルを獲ります。あのときの実況ではアナウンサーはゴール前になると鈴木大地の話ばかりしているんですよ。

タッチの瞬間にバーコフと鈴木を交互に言いなさいといわれても難しいですよね。これは応援の放送ではなく、「情報を分厚くする」ということなんです。見たものを捉えるとき、やっぱり近い方の話をしますよね。自然にそれが増えるんです。必ずしも「えこひいき」をしていることではないのですよ。アナウンサーは「誰がどれだけの情報を、どっちから欲しがってるか」ということに対して、答えているわけです。

　「スポーツに関しては」と限定しますが、これが「公共放送」の役割だと思います。ソウルのときにバーコフ中心で実況していたらおそらく大炎上ですよね。

過剰な応援実況

黒田　今の山本さんのご意見はほぼ認めた上で、過剰な応援放送になっているという批判は、ずっとあります。例えば、今回の東京オリンピックでも、優勝している人は全て無視して、日本選手しかとりあげない。今回もテレビで「メダルラッシュ」という言葉をよく聞きましたが、日本はそれほどメダルをとっていない。ちょっと度が過ぎているという批判は今回も結構出ていました。この点についてはどうですか。スポーツでは必然的に「私たち」と「彼ら」が存在するだけに、一方で「リスペクト」という言葉も盛んに言われますよね。

山本　日本のスポーツ放送の特徴は、「私たち」と「勝利」とが手を取り合う試合やレースに重心を置いて構成されがちなことです。ある意味、試合やレースの重さより関心度の高さに向けて針が振れやすいといえます。自国の成績に関心を持たない国民は少ないでしょうが、東アジアの国の場合にはそれが突出している。複数のメダルが短期間で取れたとなると、その割合の多寡には目をつぶって「ラッシュ」とひとくくりにしてしまう。勝負決着に向かう過程のちょっとした起伏を「ドラマ」と呼んだり、思わぬ勝利を「感動」でくくったりするのと似ています。

　「リスペクト」はもともと結果に至る過程の検証があって発生する感情です。身近な存在の結果にばかり目が行くようでは、「リスペクト」の気持ちは確かに出てこないでしょうね。自分たちのやっているものに価値があって、それは

これをフィーチャーしているから、これだけはもっと強調したい、という驕りのようなものもあると思います。イチローの打率や今日のヒットが何本で、試合に勝ったか負けたかは言わないといった報道は昔からよくありました。

黒田　今もそうですね。大谷翔平選手がどうだったかだけでエンゼルスの勝敗は無視。メジャーには大谷だけなのかといった皮肉はありますね。でも、「視聴者の多くは、野球にもメジャーにも関心がなく、大谷個人に関心がある」というスタンスを放送局は持っているのですね。

山本　放送局は、「大谷は"私たち"だが、エンゼルスは"彼ら"だ」と考えているのかも知れません。

黒田　かつて2002年W杯の時に、在京局のアナウンサーに「ナショナリズムに偏ったアナウンスをどう思いますか」と尋ねたら、彼は面白いことを言っていました。「民放の本音は、視聴率だけです。ナショナリズムなんて一つもないんです。視聴率のためには国だって売れるのが民放なんです」と。もちろん冗談半分の極端な話ですが、象徴的な言葉だなと記憶しています。NHKは別にしても、民放も経営が苦しくなってくると、視聴率のためにはスポーツの面白さよりも、スペクタクルをとにかく見せたい。1%でも稼ぎたいというのが本音でしょう。もちろん、NHKも視聴率競争から逃れられないようですが。

山本　見る人、聞く人に対するスポーツの世界観を歪める可能性はあると思います。大差でリードされているからホームランが狙えるわけです。そんなこともちゃんと言える人がやっぱりいなきゃいけないと思うんですね。それはアナウンサーの責任だけではなくて、やっぱりディレクターが指示をするし、そうしないディレクターは外されることだってあります。スポーツの面白さを広めると同時に、一方で歪めているというのはテレビ全体の問題としてあります。

沈黙の実況

黒田　実況中継の中での「沈黙」の話をしたいと思います。この「沈黙」が持

つメッセージの意味については、私なりに持論を持っています。2021 年マスターズゴルフで松山英樹選手が優勝したときに TBS のアナウンサーも解説者も涙で声が出せなかったという話がありますが、これは置いておきましょう。私が関心を持っているのは、試合中の「沈黙」についてです。

　まず、2006 年 6 月 W 杯ドイツ大会の時、対オーストラリア戦での NHK 栗田晴行アナウンサーの実況です。日本が後半 36 分まで 1 対 0 で勝っていました。ところが終了直前に同点に追いつかれます。さらに逆転されてしまいます。それでも栗田アナは、「ジーコジャパンは数々の奇跡を起こしてきました」などと励ますコメントを出しますが、ついに絶望的な 3 失点目を喫してしまいます。この時に栗田アナは 35 秒間沈黙します。その間、中澤選手や宮本選手の呆然とした顔、ジーコの失望した顔などがアップで写っていきます。

　栗田アナは、局内でこの沈黙は批判されたそうですが、私は、現場での選手たちの失望感、日本で見ていた視聴者たちの失望感と「シンクロ」した沈黙だったと評価しました。映像だけで十分にその失望感が伝わり、言葉はいらないと思ったのですが、山本さんの見解はいかがですか。

山本　言葉を出さなかったんじゃなくて、出なかったんでしょうね。そこは自分の感情じゃない力を発揮しなきゃいけないところですよ。栗田アナの沈黙は、自分の感情を押し込む最中だったのだろうと思います。感激屋で、あまりひねくり回した工夫や構成、演出を考えてやるタイプじゃないんですよね。だから、むしろ狼狽し困惑したんだろうと思います。

　テレビの場合は映像が間断なく切り替わるので、映像の伝えるエネルギーが変わった時に言葉で対応しないといけない場合があります。例えば、タッチラインからボールが出て、ボールを取りに行く選手の後ろ姿を捉えたとすれば、それには映像の力がありません。ところが足が痛かったのに起き上がって、顔をしかめつつロングスローを狙う選手が正面から映ったら、その映像には力があります。その両方のカットが続いた時に黙ったままでいいかというと、これはダメなんですね。

黒田　私が視聴者の立場から言いますと、オーストラリア戦での悲嘆にくれる日本選手の姿、ジーコの顔、中澤、中田、宮本の顔が次々に映ってくる、その

映像には「力」があって、つまり彼らのその表情に対し、アナウンサーは何も言う必要はなかったと思ったのですが、いかがですか。

山本　アナウンサーがもし喋る力があったら、選手の名前を言うだけでもいいと思うんですよ。でも多分そういう力がなかった。落胆、ショックがあまりに大きかった。飲んだ息を吐き出せない状態というのか。栗田アナウンサーにとっても日本代表は「私たち」。いわばそのうちの一人の自分がノックアウトされた状態なのですから。外国人のコメンテーターだったら、きっと喋っていますね。といっても状況からしてべらべら喋る所ではありませんから。そこは助詞や副詞を使ったりしないで、名前だけを刻んでいくことになるでしょうか。ジーコ、中澤…と言っていけばいいと私は思っています。

黒田　それは山本さんが得意のやつですね。山本さんの話を聞くと、私の主張する「沈黙の力」というのが相対的に弱くなってきました（笑）。
　先ほど触れた 2015 年の W 杯ラグビー南アフリカ戦でも沈黙がありました。あの場合はどうでしょうか。まさに歴史的な逆転勝利で、トライが決まる寸前に豊原さんは「行けーッ」と叫んでいます。そして、その後 40 秒間沈黙しました。わたしはこれも沈黙の名実況と思っているのですが。

山本　ラグビーの場合は歓喜のシーンですから、画面では選手たちが抱き合ったり、叫んだりしていると思います。

黒田　選手だけでなく、選手やヘッドコーチの喜ぶ姿とか、観客席のおじさんが泣いている姿などが映っていました。

山本　そういう映像には力がある。そこは多分黙っていても、何を叫んでいても、視聴者には何も聞こえないんですよ。先ほどでてきた 2002 年のサッカーW 杯と状況が違います。負けた時には何か言わないと、沈黙が聞こえるんですよ。沈黙が聞こえる状態では何か喋るべきだと思います。簡単にできるはずもないですけどね。

黒田 なるほど。逆に勝って喜んでいる時は、アナウンサーが何を言おうとどうでもいいのですね。

山本 そう、どうでもいい。聞こえてないのです。例えば、WBC で調子の悪かったイチロー選手が最後センター前にサヨナラヒットを打ちましたね。あのケースは黙っていいんですよ。これは沈黙に力がある。でも悲しいシーンは黙っていいのかというと、これは違うと思います。

　私もドーハの時、かなり黙りました。何も言えなかった。問いかけようと思っているのに、隣の解説者が泣いているし、言葉が見つからない。しかも、厄介だったのが、北朝鮮と韓国の結果で、北朝鮮が韓国に 3 点差以上の差をつけて勝つと、日本は引き分けでも出られる。その情報が来ない。ショックのあまり言葉が出てこなかった。多分、栗田アナもショックだったのだと思いますよ。

黒田 ショックと同時に、不確定要素があることで、沈黙が生まれてしまったわけですね。

山本 何か絞り出そうと出そうと思っているし、出さなきゃいけないと思っている。でも出ないのですよ。北朝鮮と韓国の結果がわからないから、「これで W 杯の本戦には行けない」と言っていいのかもわからなかった。これが一番困りましたね。フェーディングユニットというスイッチを切って、横にいるディレクターに聞くのですが、ディレクターも外部に一生懸命聞いていましたね。

現場のダイナミズムを伝える実況

黒田 横にディレクターがいて、情報集めてということですが、国際映像では他社が撮った映像に対して日本で音声を入れるということが増えました。これでは視聴者と実況者がある意味では同じ立場になってしまいます。

　いい例かどうかわかりませんが、2021 年 6 月に行われた EURO2020 の

デンマーク対フィンランドの試合。デンマークのエリクセンが昏倒して、WOWOW の実況者がいろいろと言うのですが、画面に映る映像以上の情報は何もありません。映像を見ながら「大変なことになった」とか、「最悪の事態が想像されます」などと繰り返していました。結局、実況者は何の情報も得られず、突然現場からの中継は切られてしまいます。そして前夜のイタリア対トルコの試合を再放送し始めました。

　でも、視聴者はエリクセンがどうなったか気になりますよね。例えば NHK だったら、現地スタッフがいてエリクセンがどうなったか、現地の情報を集める。テレビ時代には当然と思われたことが、今回は全くなされていませんでした。私は WOWOW を批判しているわけではないのですが、WOWOW は契約した試合映像を提供することが仕事だと割り切っているようにも見えました。

　多くのサッカーファンはネットでどうなったかを調べるわけですよ。UEFA のホームページやツイッターをみんな調べるわけです。WOWOW は知らせてくれなかったけれども、エリクセンは助かり、さらにその後、再試合ではなく、当日に試合の続きが再開されることもネットで知るわけです。その間、WOWOW は前日のイタリア対トルコの試合を再放送していました。試合再開は何時何分だというのも結局ネットで見て知るのですが、WOWOW は、まだイタリアの再放送をしている。これは象徴的な例だと思います。

　アナウンサーの実況中継論とは少し離れるのですが、試合のソフトを自分たちは購入して提供しているだけなのだ、というのはありますよね。それは実況でも同じで、そこに映された画面に対して音声を当てているだけなんだ、ということになります。

　視聴者が楽しみにしている現場のダイナミズムを感じる面白い実況中継はほとんど無くなっています。私はなにかイライラするところがありますが、山本さんはどう思っておられますか。

山本　放送局が現地映像に音声を被せるオフチューブのようなことをやる場合、これまでは現地に人を配して、そこで起こる様々な出来事の情報を逐一送ってくるようにしてきました。今はインターネットが使えるので、現地の情報がディレクターのところに届いて、ディレクターから紙をもらうか、画面上にそれが出てくる方式です。それを見ながらアナウンサーは、スタジオにいる

解説者としゃべる。今回の事例の場合、おそらく経費の問題からその人間を省略したのでしょうね。

　WOWOWというよりも、おそらくWOWOWがさらに「下請け」として契約した会社ないし個人が経費の範囲内で放送体制を構築するので、こういうことは起こると思います。それに対して、放送だからこうすべきという規範とか、情報の欠落の「罪悪感」とかは全くもつ余裕がないと思います。

黒田　メディア環境の変化の中で象徴的な出来事だと私は思いました。視聴者にとっては、どちらにしてもテレビじゃないですか。何かハプニングが起こったらそのハプニングについて教えて欲しい。それがテレビでしょ。しかし、事実としては、番組制作側は、「私たちは試合を放送するので、それ以外の出来事の情報はありませんよ」という風に見えたのです。「テレビとはこういうものだ」という視聴者の常識的な期待というか、前提が崩れていることをサッカー番組でたまたま経験しました。

山本　インターネットに圧倒されていると捉えていいのかどうかですが。テレビの本来やるべきことができなくなってきたことは事実ですね。

EVSの功罪

黒田　こういうことがあると、テロリスト対策なんかと一緒なんでしょうが、通信業者としても危機対策としての対処法の議論が出てくるでしょうね。WOWOWを通信業者というのは適切ではないのでしょうが。

　山本さんは、別の機会にスポーツ中継においてEVS（1994年設立のベルギーの会社及びその技術をさす。録画しつつ、適切なスロー映像を自動的に流す）という新たな放送技術を使うようになったことで実況の在り方が変わったと話されていますが、これをもう少し教えてください。

山本　映像の中に「力のない」カットがどうしても入ってしまいます。これをなんとか減らしたい。「力のない」カットになるとアナウンサーが画を補完しようとしゃべってしまう。それが重要でない、つなぎのコメントになることは

しばしば起こります。逆に言えば、余分なことをしゃべらせないためには、「強い画」を出してアナウンサーを喋らないようにコントロールしたい。そこで使われるのが EVS です。「強い画」としてリプレイ映像を差し込みます。しかもより精度の高いスーパースローを使う。これによって、ライブの力のある映像に切り替わるまでの時間をつなぐことができる。

　今回のオリンピックでも EVS の映像がたくさん使われていました。例えば、体操の会場では 16 台のカメラがすべて EVS に繋がれています。いくらでも撮り放題なわけです。視聴者は綺麗な、さまざまな角度の映像をスーパースローで見ることができます。ある種、感動的な映像になるので、アナウンサーは黙っていていいんです。「強い画」を使うことで、マイクを通じた情報提示を減らすことができるわけです。

　映像に情報を載せるという意味では、スポーツ中継にさまざまなデータが映し出されることがあります。スポーツの楽しみは予想が当たらないことにもあるはずなんですけど、データとして解析して、近未来を予測する。なんとなく、乾いた放送になってしまいますよね。全てをデータとして集積・解析するという意味で無駄は無くなった反面、ゆとりがなくなったとも言えそうです。

黒田　アナウンサーは言葉で映像を説明しますが、EVS のスーパースロー映像はそれを不要にする。アナウンサーの重要性が減り、映像に任せても良い部分が増えた。だとすれば、EVS の映像が多用されると、アナウンサーが映像に言葉を重ねる時間は減りますね。このことにストレスはないのですか?

山本　それは無いと思います。映像も必ずしも必然性のある映像ではないんです。ディレクターが必ずしもその映像を事前に見た上で出しているのではなく、EVS の映像は、EVS の要員が独自に出していることもあるわけで、その場でいきなり出てくるわけですから。

　EVS 導入の最初の頃は、アナウンサーも一生懸命、その映像を説明していましたが、EVS はいいものから出して、だんだん力の無い映像になってきますので、今では 3 カット目くらいになると次の話しに移る人もいます。

蘊蓄実況

黒田 なるほど。画面に合わせた実況という点からは、試合の流れに関係のない「蘊蓄語り」についてはどうでしょう。高校サッカーの実況に非常に多いと思います。一度計ったことがあって、3分半くらい試合の流れから離れ、関係ない話、つまり校長先生の素晴らしさとか、お母さんは素晴らしいなどとずっと語っていました。

山本 弁護はできないのですけど、理由は明らかですね。試合の前に出張費をもらって取材に行きます。その中で、得た情報をなんとか出したいというのがあるのでしょう。論文に関係のない先行研究をたくさん読んで、それぞれについて2～3行ずつ延々と書く研究者もいますが、あれに近いものです。

　目の前で起こっている出来事の重要性に気が付くことができない。つまり、目の前のプレーの評価ができないんです。起こったことの価値がわからないので、少なくとも事前に取材で集めた情報に逃げてしまうんでしょうね。

黒田 その系列局のアナウンサーは独特の教育をされているのではないかと思うことがあります。つまり、間を埋めるために色々な情報を詰め込めばいいというような考えはないのでしょうか。

山本 その系列のアナウンサーは各地方局の看板を背負ってくるんですよ。誰だってそこで失敗をしたくないですね。初めてそうした舞台に立つとなると、系列局の先輩の真似をしてしまうことも珍しくありません。ふだんと違って自分の知らない学校のこともしゃべらないといけない。ピッチで展開されている戦術や、そのサッカーの奥深いところがわからなければ、踏み込んだことは言えない。中盤でボールが回っているだけでシュートの気持ちが現れないような八方塞がりの状況になると、自分の殻に閉じこもる。殻に閉じこもったら、自分の持ってきた整理した情報を言うのが一番無難だってなるんですよね。

絶叫放送

黒田 もうひとつ聞きたいのですが、沈黙とは逆の実況、過剰な絶叫が時々あります。シドニー五輪の時でしたか、船越雅史アナウンサーが高原直泰選手のゴールに対し 26 回、「ゴール」と叫びました。このことにサッカーファンは結構批判的だったのですが、実況指導ではあれが実況のモデルのように教えられたと聞きました。山本さんの全く個人的な感想でいいのですが、あれは必要な実況と思いますか。

山本 放送局が業務としてやらせたんですよね。その要請に応えられないアナウンサーは居心地が悪くなってしまう。みんな真面目に実行するので、実況を聞いただけでどこのテレビ局の放送なのかがわかります。シドニーの時、私はずっと船越アナと一緒に行動していたんです。実況している時は躊躇なくゴールを連呼しますが、終わった後には、そこには触れたがらないような感じでしたね。彼は局の方針に則っただけだと思います。

黒田 サッカー中継で「ゴール」と叫ぶのはアルゼンチンあたりでよくやられていましたけど、実際の意味はどうでしょうね。例えば NHK ではやらないでしょうけど、「ゴール」と叫ぶことにどんな意味があるのか。
　山本さんは、「ゴールと叫べ」のように指示されたらどう思いますか。あるいはディレクターの立場だったら、同じようにやらせますか。

山本 台本を渡された役者という感じですかね。ですから、嫌いだけどやりますって…（笑）。
　演出としてはやらせませんよ。それは後ろにしゃべる言葉がない、見つからないからですよ。ひょっとしたらニュースで使う時に必要だと考えているのだとも思います。ニュースの場合、カットするまで叫び続けてほしいんですよ。例えば、テレビの放送ではさよならと手を振る時に、画面上では見えなくなってもずっと手を振っていてくれ…と。ゴールシーンはニュースに出しますから、「手を振って」いて欲しいのだと思います。

黒田　ある意味では、深謀遠慮があるんですね。なるほど、それには気付きませんでした。

山本　言ってみれば、若い視聴者のためでもありましょうが、自分の放送のためにもやってることですね。

湯気のある実況

黒田　時間がなくなったので、最後のまとめ的に、なんのための実況か、語りなのかという持論をお聞きします。

山本　あくまでも視聴者のためですよ。ただ、今は視聴者も変化しています。ポケットから出した小さな画面で見るお客さんなのか、このお客さんたちが年をとって5年10年と経った時に、同じような形式で見続けているのか。これはちょっと読めないですね。だから実況のあり方そのものも、少しずつ変化しなければいけないと思います。一方で年齢が高くなると細かいところが見えないとか、いろいろと問題も出てくる。目は見えなくなるけど、放送を聞いてきたキャリアだけは長く、今の実況に不満を持つ人も出てくるでしょう。
　社会に対して画面にどういう音や情報をくっつけて出すのかというのは、受け手の感情や許容量みたいなものを感じながら変えていかなきゃいけないんだろうと思います。その昔の実況は、やっぱりカラス2羽3羽でよかったんですよ。でも、お客さんが変わってくると、そうはいかなくなっちゃう。「今のはツーシームですか」なんて解説に聞いていると、EVSでツーシームの映像が出てしまう。だとすれば、何をしゃべり、何を言わないか、どのくらい話題から離れて、また戻るのか、そういうやりとりのセンスをアナウンサーは持つ必要があると思います。
　もう一つは、感動的なシーンが、だんだん薄れてくると思うんですよ。そうすると、感動するシーンに、さらに熱いお湯をかけるとか、スープの味を濃くするとかに行きがちですが、それをどれだけ我慢できるか。それもアナウンサーのセンスです。

黒田　なるほど。そうですね。放っておくと、より強い刺激を求めて、過剰なものが溢れるんですね。

山本　「絶対負けられない試合」の先に、どういうフレーズがあるかですよね。逆に、DAZNでしか見られないっていうのは、テレビにとっていいかもしれませんね。DAZNの技術・戦術中心の、視聴者に迎合しない中継スタンスになれた人たちが、お客様サービスを一つの試合に集中させようとするテレビの前に戻ってきた時に、何かべたついたように感じるか潤いと受けとるか。ある意味「すごく喉の乾いた人」がたくさん画面の前に集まる瞬間を、テレビ局は手ぐすね引いて待っているのではないでしょうか。

黒田　私個人としては、現場にいる人が喋ってほしいですね。現場のダイナミズムを言葉で伝える人がいると、ワクワクします。DAZNなどで見ていると、あの感覚がだんだんなくなっている気がしてならない。「ここで上がってきました」と言うけれど、「いやいやそれは見えてるよ」となります。テレビ画面の外にある状況や、外から飛び込んでくるものをうまく実況してほしいですね。

山本　現場からやる放送には、「湯気」があるんです。例えば、この湯気がDAZNからは立ち上がっているようには見えない。湯気の価値を感じない人は、レトルトの食品や冷えたものばかりを食べ続けても苦にならないのでしょう。でも、湯気を知っている人たちからは、やっぱり湯気のない料理は物足りない、寂しいよねって。そういう声が聞こえるような気がします。
　湯気には香りも何にもないんです。ある意味実態もないんですけど、やっぱり「湯気がたってる」というだけで、ワクワク感がでてきます。テレビ屋としてはそんな実況をしたいものですね。

黒田　いいシメの言葉いただきました。ありがとうございました。

対談日　2021年11月5日
於：関西大学東京センター

おわりに

　本書は、黒田勇教授の退職と古希を記念し、これまで大学、大学院などで指導を受けた卒業生、修了生による論文を集めたものである。スポーツとメディアの関わりは、黒田勇教授の研究テーマの一つであり、留学生の多い黒田研究室では、東アジア各地域での「メディアスポーツ」についていくつかの研究業績があったため、今回は「東アジアにおけるスポーツとメディア」という論集としてまとめることとなった。本書の出版にあたり新たに執筆されたものや、以前に発表した論文を改訂したものもあるが、いずれも「メディアスポーツ」の観点から、東アジア各地域の歴史や文化について独自の視点で考察された興味深い内容であり、個性豊かな黒田研究室らしい論集になったと考えている。

　振り返れば、2019 年に本書の企画はスタートしたが、その後 2020 年初頭からの世界的な新型コロナウィルスの流行により国内外の往来が制限されたことで、編集についてのやりとりはオンラインとなり、各執筆者においても新たなデータや現地取材が難しい事態となってしまった。そのため当初予定していた論考を寄稿することができなくなった執筆者がいる。発行もかなり遅れてしまったが、それでも各執筆者の協力により、黒田勇教授が退職される 2022 年 3 月までに出版できたことは幸いである。改めて、執筆者各位、また創文企画の鴨門裕明さんをはじめご協力いただいた方々には心より感謝申し上げたい。

　またここで、今回の執筆者について簡単に紹介しておきたい。本書の 2 〜 7 章担当者は黒田勇教授から指導を受けた卒業生、修了生だが、現在は各分野にて活躍されている。

　まず、第 2 章「20 世紀初頭のスポーツイベントと鉄道の『郊外』戦略—豊中グラウンドに焦点をあてて—」を執筆した談韡さんは、中国山西省太原市生まれ。2012 年に武漢大学東湖分校を卒業後、「タカラヅカ」ファンが昂じて来日し、現在、関西大学大学院社会学研究科で「宝塚歌劇団と郊外」についての博士論文を執筆中である。

　第 3 章「東京オリンピック（1940 年）の復興“神話”」の水出幸輝さんは、2013 年に法政大学スポーツ健康学部（山本浩ゼミ）を卒業後、関西大学大学院社会学研究科に入学。2018 年に博士号を取得し、2021 年より同志社大学社会学部助教として、メディアの歴史社会学の研究に専念している。

第4章「平昌冬季五輪の北朝鮮参加に対する日韓新聞報道比較」を担当した森津は大阪経済大学にて黒田ゼミに所属した後、同志社大学大学院にて博士号を取得し、現在は宮崎公立大学人文学部に在職している。

　第5章「王貞治論―台湾のメディアが生み出した国民的英雄―」の劉東洋さんは台湾・新竹市の生まれで、淡江大学を卒業後、2006年関西大学大学院社会学研究科で修士号を取得。帰国後は台湾職業棒球連盟に就職、国際部副部長をへて、現在宣伝推進部主任。台湾のテレビ局で日本のプロ野球中継の解説者としても活躍している。

　第6章「台湾における「嘉義農林」の忘却と想起―映画『KANO』の分析を中心にして―」の王萱樺さんは台湾・宜蘭市に生まれ、中国文化大学（台湾）を卒業後、2016年に関西大学大学院社会学研究科で修士号を取得。現在は大阪で映像ディレクターをしている。

　第7章「中国スポーツ体制改革の葛藤―田亮の「ナショナルチーム除名事件」の事例から―」の王篠卉さんは、中国・北京の出身で2010年に関西大学大学院社会学研究科で博士号を取得後、北京体育大学研究員等を経て、現在中国の民間会社に勤務している。

　また第8章「〈対談〉「スポーツ実況」とは何か」の山本浩さんは卒業生ではないが、ご存じのようにNHKスポーツアナウンサーとしてご活躍され、現在は法政大学スポーツ健康学部教授である。黒田勇教授とは1997年以来の交誼があり、これまでも研究会やシンポジウム、そしてテレビ番組で共演されているため、今回はお二人の対談を収録することとなった。

　そして最後に、退職される黒田勇教授についてだが、1984年に京都大学大学院教育学研究科博士後期課程を修了し、京都大学教育学部助手、神戸女子大学、大阪経済大学を経て、1999年に関西大学に着任、その後23年間社会学部教授として教育・研究に当たられた。専門はメディア文化論であり、放送文化やメディアスポーツについて多くの編著書、論文を執筆されている。またテレビ、ラジオ、新聞等のマスメディアにおいても、メディアスポーツに関連する評論やコメントを精力的に発信されている。

　本書に寄稿した卒業生、修了生は、黒田勇教授の幅広い知識と関心、そして厳しくも温かい指導があってこそ、今日があることに深く感謝申し上げる次第である。

（文責　森津千尋）

著者・編著者略歴

【著者】

劉　東洋（Liu Toyo）　第 4 章執筆
台湾・宜蘭市生まれ、2004 年中国文化大学（台湾）卒 、2006 年関西大学大学院社会学研究科博士前期課程修了、現職：台湾職業棒球連盟宣伝主任

談　韡（Tan Wei）　第 2 章担当
中国・山西省太原市生まれ、2013 武漢大学湖東分校卒、2015 年関西大学大学院社会学研究科博士前期課程入学、現在同研究科博士後期課程在学中

王　萱樺（Oh Senka）　第 5 章担当
台湾・宜蘭市生まれ、2012 年中国文化大学（台湾）卒、2016 年関西大学大学院社会学研究科博士前期課程修了、現職：映像ディレクター

王　篠卉（Wang Xiaohui）　第 6 章担当
中国北京生まれ、北京聯合大学卒、2011 年関西大学大学院社会学研究科博士後期課程修了、博士（社会学）、北京体育大学研究員を経て、現在フリーランス。

山本　浩　第 8 章
1953 年島根県生まれ。1976 年東京外国語大学ドイツ語学科卒。1976 年 NHK アナウンサーとして入局、解説副委員長を経て、2009 年より法政大学スポーツ健康学部教授。実況ではサッカー W 杯を 1986 年メキシコ大会より 5 大会連続、オリンピックを 1988 年カルガリー大会以来、9 大会。（公財）日本陸上競技連盟理事・総務委員長、（公財）日本体育協会国体委員などを歴任。主な著書『メキシコの青い空』（新潮社、2007 年）『スポーツアナウンサー〜実況の真髄〜』（岩波新書、2015 年）他

【共編著者】

黒田　勇　はじめに、第1章担当

1951年大阪市生まれ、1984年京都大学大学院教育学研究科博士後期課程学修認定、京都大学助手、神戸女子大学、大阪経済大学を経て、1999年より関西大学社会学部教授（2022年3月をもって定年退職）

主な著書『ラジオ体操の誕生』（青弓社、1999年）、共編著『ワールドカップのメディア学』（2003年、大修館書店）、編著『メディアスポーツへの招待』（2011年ミネルヴァ書房）、『メディアスポーツ20世紀』（関西大学出版部、2021年）他

森津千尋　第4章、おわりに担当

1972年兵庫県西宮市生まれ。2005年同志社大学大学院文学研究科社会学専攻博士後期課程満期退学。博士（社会学）。宮崎公立大学人文学部准教授（現職）。主著として「メディアに描かれる「南国宮崎」」『日本の地域社会とメディア』（関西大学出版部、2012年）、「平昌冬季五輪招致をめぐる言説の変遷：日本の新聞記事の内容分析を通じて（2003-2014）」『宮崎公立大学人文学部紀要』26（1）2019年など。

水出幸輝　第3章担当

1990年名古屋市生まれ。2018年関西大学大学院社会学研究科マス・コミュニケーション学専攻博士課程後期課程修了。博士（社会学）。日本学術振興会特別研究員PDを経て、2021年より同志社大学社会学部メディア学科助教（現職）。

著書に『〈災後〉の記憶史　メディアにみる関東大震災・伊勢湾台風』（人文書院）。

東アジアにおけるスポーツとメディア

2022年2月28日　第1刷発行

編著者　　黒田　勇・森津千尋・水出幸輝
発行者　　鴨門裕明
発行所　　㈲創文企画
　　　　　〒101−0061 東京都千代田区神田三崎町3−10−16 田島ビル2F
　　　　　TEL：03−6261−2855　FAX：03−6261−2856
　　　　　http://www.soubun-kikaku.co.jp

装　丁　　山本高史・折重　慎
印　刷　　壮光舎印刷㈱

©2022 Isam Kuroda
ISBN 978-4-86413-155-1